専門職としての教師教育者

教師を育てるひとの役割、行動と成長

The Professional Teacher Educator

Roles, Behaviour, and Professional Development of Teacher Educators
by Mieke Lunenberg, Jurriën Dengerink and Fred Korthagen

ミーケ・ルーネンベルク
ユリエン・デンヘリンク
フレット・A・J・コルトハーヘン 著

武田信子 | 山辺恵理子 監訳
入澤充 | 森山賢一 訳

玉川大学出版部

THE PROFESSIONAL TEACHER EDUCATOR
by Mieke Lunenberg, Jurriën Dengerink, and Fred Korthagen

Original edition: © Sense Publishers (Rotterdam/Boston/Taipei)

Japanese translation rights arranged with Sense Publishers thorough Japan UNI Agency, Inc., Tokyo.

目次

シリーズ編者による序文 —— 7

日本語版の刊行に寄せて —— 11

第1章｜序論 —— なぜ本書なのか —— 13

1.1｜現状と背景 —— 13

1.2｜本研究の目的とリサーチ・クエスチョン —— 15

1.3｜本研究の妥当性 —— 16

1.4｜その他の開発に対する本書の実際的な関連と関係性 —— 17

第2章｜概念的枠組み —— 19

2.1｜教師教育者 —— 19

2.2｜専門職としての役割 —— 20

2.3｜専門職としての行動 —— 21

2.4｜重要な特性 —— 22

第3章｜研究方法 —— 23

3.1｜8つのステップ —— 23

3.2｜最終的なデータベース —— 34

第4章｜研究結果 —— 教師教育者という専門職の特性 —— 36

4.1｜6つの役割 —— 36

4.1.1｜教師の教師、研究者 —— 37

4.1.2｜コーチ（指導員）—— 38

4.1.3 ｜ カリキュラム開発者 —— 38

4.1.4 ｜ ゲートキーパー（門番）—— 39

4.1.5 ｜ 仲介者 —— 39

4.1.6 ｜ 6つの役割についての研究の数 —— 39

4.2 ｜ 教師の教師 —— 40

4.2.1 ｜ 役割と行動 —— 40

4.2.2 ｜ 専門性開発 —— 50

4.3 ｜ 研究者 —— 60

4.3.1 ｜ 役割と行動 —— 60

4.3.2 ｜ 専門性開発 —— 66

4.4 ｜ コーチ —— 75

4.4.1 ｜ 役割と行動 —— 77

4.4.2 ｜ 専門性開発 —— 83

4.5 ｜ カリキュラム開発者 —— 88

4.5.1 ｜ 役割と行動 —— 88

4.5.2 ｜ 専門性開発 —— 95

4.6 ｜ ゲートキーパー —— 95

4.6.1 ｜ 役割と行動 —— 95

4.6.2 ｜ 専門性開発 —— 100

4.7 ｜ 仲介者 —— 100

4.7.1 ｜ 役割と行動 —— 101

4.7.2 ｜ 専門性開発 —— 105

第5章 ｜ 結論と考察 —— 研究と実践への提案 —— 106

5.1 ｜ 要約と結論 —— 106

5.2 ｜ リフレクション —— 115

5.2.1 ｜ 研究方法についてのリフレクション —— 115

5.2.2 ｜ 様々な役割（に伴う行動）に関する発見について のリフレクション —— 116

5.2.3 ｜ 研究の現状についてのリフレクション —— 121

5.2.4｜研究と教師教育実践との関係についての
　　　　リフレクション —— 123

5.3｜提言 —— 125

　　5.3.1｜今後の研究のための提言 —— 125

　　5.3.2｜実践のための提言 —— 127

第6章｜オランダの場合
——教師教育者という専門職の質の向上 —— 129

6.1｜導入 —— 129

6.2｜専門職スタンダードと登録プロセス —— 131

　　6.2.1｜プロジェクトについて —— 131

　　6.2.2｜プロジェクトについての研究 —— 134

6.3｜教師教育者の知識基盤 —— 141

　　6.3.1｜プロジェクトについて —— 141

　　6.3.2｜プロジェクトについての研究 —— 145

6.4｜教師教育者を対象としたプログラム —— 151

　　6.4.1｜プロジェクトについて —— 151

　　6.4.2｜プロジェクトについての評価とふり返り —— 158

6.5｜オランダの教師教育者養成の未来 —— 160

　　6.5.1｜要約 —— 160

　　6.5.2｜ミッション —— 161

訳注 —— 164

訳者あとがき —— 166

付録｜選出された先行研究とその概要 —— 174

参考文献 —— 208

シリーズ編者による序文

　近年、教師教育のあり方に焦点を当てた学術文献が増えている。教師教育という分野と仕事の位置づけを見直そうとする動きが世界中の教育行政・政策の流れの中で起こり始めていることが一因であろう。教師教育に関しては、ずっとプログラムの構造、構成、目標や目的が議論の中心となっていて、教師教育者の役割はこれまで見過ごされてきた (Murray, 2011)。これは、教師教育者の仕事が、時に教師の仕事についても同様の誤解があるように、比較的単純で理解しやすいものであると安易に受け取られてきたからだと思われる。結果的に、仕事を適切に担ううえで必要な教師教育者の目的意識、高度な知識、技術、能力はどれも見過ごされるか、もしくは悲しいことに、無視されてきた。本書において、著者のルーネンベルクらは教師教育者が担う重要な仕事の内容を深く洞察し、この状況を変えようとしている。著者らは教師教育者という専門職に求められる重要な役割を次々と浮き彫りにし、その専門性開発と関連づけながら教師教育者の意義について深く学ぶ契機をつくり出したのである。

　「教師を育てるひとの役割、行動と成長」について検討するための前提知識を提供するために、まず著者らは自らの研究の概要を示している。どのように先行研究レビューに取り組み、この研究が研究者としての著者ら自身にとって、そしてより広い教師教育者という専門職全体にとって、なぜ重要なのかを明記している。この仕事の重要性については、簡単なうわべの議論で終わらせてはならない。教師教育は世界にあまねく存在しており、教育システムに深く組み込まれている。そのため、教師教育プログラムのあり方にばかり議論が集中し、まさにそのシステムの中で働く教師教育者への理解がなおざりにされてきた。本書では、こうして見過ごされてきた教師教育者の働き方、成長の仕方、教師教育者が持つ専門的な「知識と能力」、そして彼らの専門職としての学びの支援の仕方が、興味深く示唆に富んだ方法で明らかにされている。また、教師教育の全体像を描くために、そしてベリー(Berry, 2007)、ブラ

ンデンベルク(Brandenburg, 2008)、ラッセル(Russell, 2010)らによって主張されている教師教育学の本質的な目的を広めるために、教師教育者についての数多くの先行研究をまとめ上げる方法が提示されているのである。

　本書は、「教師教育者という専門職」を真剣に考えるのであれば、データによって理解を深め、エビデンスによって結論を導かなければならないというスタンスを明確にしている。著者らが述べているように、彼らの研究の目的は、「教師教育者の専門職としての役割、それに伴う専門職としての行動、そしてこれらの役割と行動に関する専門性開発について、これまで明らかにされていることをまとめ、明確な全体像を提示すること」であった。この研究はオランダ科学研究機構（NWO, The Netherlands Organization for Scientific Research）からの補助金で行われ、詳細な分析が入念に、そしてわかりやすく提示されている。NWOからの支援は、教師教育という領域をより体系的に、そして役に立つ形で研究する必要性と、教師教育をただの教師になるための準備段階として捉える慣習を改める必要性が、理解されつつあることを示している。

　著者らが教師教育についての深い知識を持っていることは明らかである。彼らは先行研究を分析し、教師教育者、その仕事、そしてその専門性開発のあり方について、幅広く興味深い視点を提供している。そして教師教育者という専門職の現状を明らかにすると同時に、教師教育者の役割がどのように形づくられ、受け止められ、実践されるのかに関して、問題点と懸念すべき点を強調している。さらに分析を通して、体系的な研究がなければ明らかにならなかった教師教育の様々な側面に光を当て、その重要性を際立たせている。本書は、教師教育者のあり方、働き方、そしてその専門職としての成長の仕方に実際的な変化をもたらし得る研究と実践を行うための道すじを提示したと言えよう。

　本書は、教師教育者の専門性開発が注目を集め、確立されつつあることの証である。本研究は、教師教育者の専門性開発とは何か、そしてその開発によってどのような効果がもたらされるかについて、実際に教師教育者が読んで自身の持ち場に持ち帰れるような生産的な議論を展開している。この研究が教師教育者の専門性開発に焦点を当てたことで、「教えること」について「教えること」と、「教えること」について「学ぶこと」に新たに多くの人が興味を持つようになった。この研究のおか

げで、教師教育学は再び注目を集め、教師教育の専門知の基盤として、そして教師教育の実践としての教師教育学の重要性が再認識されることになった（Heaton & Lampert, 1993; Korthagen & Kessels, 1999; Loughran, 2006; Ritter, 2007）。

　教師教育者の専門性開発への取り組みは、過去20年以上にわたり、教師教育実践においてセルフスタディの成果が積み重ねられてきたことを基盤としていると言える（〈S-STEP〉、Hamilton et al., 1998を参照）。そして、この領域には著者ら自身も継続的に関わってきている。〈S-STEP〉（本書p.16を参照）は教育の実践と研究にとってかけがえのない組織になり、そのコミュニティが様々な活動を生み出したおかげで、今では教師教育についての新たな問いが立てられ、より整理された、方法論を提示するような応答が求められるようになっている。〈S-STEP〉のようなコミュニティを通じて、教師教育者の専門性開発に関する課題、アイデア、問題、そして可能性が提起され、追い求められるからこそ、さらなる発展のための建設的で一貫した議論が可能になるのだろう。著者らの研究は、そのような議論を提起し継続していくのにまさしくふさわしいサポートになる。

　本書では、教師教育者の仕事をより多くの人に開かれた、手の届く、理解しやすいものにするという次のステップに進むために、これまでの歩みがまとめられている。「教えること」を「教える」という複雑で高度な仕事が見過ごされてはならず、教師教育に対する単純化された考え方とアプローチは精査されるべきである。今やらなくてはならないのは、幅広い教育機関での、そして何より教育学部での、教師教育についての考え方と実践を本当に変えるために、本書で固められた土台をさらに強固なものにしていく作業である。本書は私を引きつけ、思考を触発した。同じことがあなたにも起こると信じている。

ジョン・ロックラン（John Loughran）
モナシュ大学、オーストラリア

序文の参考文献

Berry, A. (2007). *Tensions in teaching about teaching: Understanding practice as a teacher educator.* Dordrecht: Springer.

Brandenburg, R. (2008). *Powerful pedagogy: Self-study of a teacher educator's practice.* Dordrecht: Springer.

Hamilton, M. L., Pinnegar, S., Russell, T., Loughran, J., & LaBoskey, V. (Eds.). (1998). *Reconceptualizing teaching practice: Self-study in teacher education.* London: Falmer Press.

Heaton, R. M. & Lampert, M. (1993). Learning to hear voices: Inventing a new pedagogy of teacher education. In D. K. Cohen, M. W. McLaughlin, & J. Talbert. (Eds.), *Teaching for understanding: Challenges for policy and practice* (pp.43-83). San Francisco: Jossey-Bass.

Korthagen, F. A. J. & Kessels, J. P. A. M (1999). Linking theory and practice: Changing the pedagogy of teacher education. *Educational Researcher, 28*(4), 4-17.

Loughran, J. (2006). *Developing a pedagogy of teacher education: Understanding teaching and learning about teaching.* London: Routledge.

Murray, J. (2011). Towards a new language of scholarship in teacher educators' professional learning? In T. Bates, A. Swennen, & K. Jones (Eds.), *The professional development of teacher educators* (pp.202-213). London: Routledge.

Ritter, J. K. (2007). Forging a pedagogy of teacher education: The challenges of moving from classroom teacher to teacher educator. *Studying Teacher Education, 3*(1), 5-22.

Russell, T. (2010). *Lesson learned as a teacher educator.*
http://sites.google.com/site/lessonslearned19772010/. [2017年5月5日編集部閲覧]

日本語版の刊行に寄せて

　本書の日本語版に序文を書けることを嬉しく思います。本書は教育の変化の過程において重要な時期、つまり教師教育者の役割について考えるうえでも重要な時期に出版されました。

　日本における教師教育の発展について知るにつれ、日本は移行期にあるように思われます。より一層、経験から学ぶ自己主導的な学習に注目が集まり、そしてリフレクションという概念が重要になっています。この漸進的な変化は、教育と教師教育者に大きな変化をもたらしました。教師から一方通行で知識を渡すという伝統的な慣習は、もはや教師が子どもを教える唯一の方法ではありません。

　教育におけるこの新たな役割に向けて教師を養成したいのならば、まず教師教育者がその役割を引き受け、見本となる行動を示せるようにならなければなりません。つまり教師を教育する者の役割について考えることが重要なのであり、これこそが本書が書かれた理由です。本書では、教師教育者とその専門性開発についての20年に及ぶ国際的な動向をまとめています。先行研究レビューからは、過去数十年の間に教師教育者という重要な職業が認識され始め、注目を集め、ますます重要性を増していることがわかるでしょう。本書が日本、そして世界の同志の背中を押し、本書でまとめた教師教育者についての、そして教師教育者のための知識基盤が利用されることを願っています。

　本書を翻訳した日本の同志に感謝します。彼らは、日本の教育に変化を起こすために、その感性と知性を活かして、教師教育の発展と教師教育者の成長を支えることを使命として身を捧げています。日本の同志たちと交流を深める中で、私たちは世界の他の場所で発達した教育に関する様々な視点に出会うことの面白さ、そして新しいアプローチを日本の社会に向けて翻訳して発信しようという理想に傾けられる彼らの多大なる労力に感銘を受けました。また、研究者としての経歴を持つ教師教育者を対象とした導入プログラムや、教師教育者とその専門性開発に関する研究プロジェクトなど、興味深い取り組みが日本にあることも知りま

した。私たちもまた、日本の同志から学ぶ機会を得たのです。このような
アイデアの共有と、様々な文化的背景を持つ人々の、個人として及び
専門職としての交流によって、教師教育者の仕事の質がさらに高めら
れ、教育における学びのプロセスがより一層充実したものになることを
望んでいます。

　それゆえに、本書の日本語への翻訳は、教師教育者、教師、そしてと
りわけ子どもたちにとっての重要な一歩となるでしょう。本書がよい教
育のために信念を持って行動する多くの人にとって役立つことを祈って
います。

2016年9月
ミーケ・ルーネンベルク
ユリエン・デンヘリンク
フレット・A・J・コルトハーヘン

第1章
序論——なぜ本書なのか

「教師教育者—どんな人たちで、何をしていて、何を考えているのか—は、教師教育研究においていつも当然のように見落とされていた」

(Lanier & Little, 1986[*1], p.528)

1.1 │ 現状と背景

本書は教師教育者とその専門性についての本である。このような本はどちらかと言えば珍しく、教師教育者の重要な仕事はこれまでほとんど目を向けられてこなかった。しかしながら、上記に引用した1980年代のレニアとリトルの報告の後、根本的な変化が起こった。1990年代以降、学術研究、教育実践、教育政策において、教育界における教師教育者の重要な役割が次第に注目を浴びるようになったのだ（例えばKoster et al., 2005を参照）。今日、教師教育者が教師の質を大きく決定し、そして教師が初等中等教育の質を決定する重要な要素であることは、広く世に認められているようである（Liston et al., 2008）。それゆえ、教師教育者が高度な専門性を持って役割を果たすことは重要である。

これは何を意味するのだろうか。そして教師教育者は、求められていることに応えているだろうか。

1）「*」のついている文献は、本先行研究レビューの表（付録）には含まれない付加的な参考文献である（p.25も参照のこと）。これらの参考文献一覧は、本書の末尾に掲載されている。

教師教育者への注目が高まっているにもかかわらず、先行研究はこうした疑問に対して明確な答えを与えてくれてはいない（Verloop, 2001*）。マルティネズは次のように述べている（Martinez, 2008）。

教師教育者という職業集団に属する専門職が持つ根本的な独自性や特色について、体系的に確認されたことはほぼないと言える。例えば、どのような基準で教師教育者として認められ、どのように採用されるのか、どのように高等教育機関で職を得て働いていくのか、どのように教育と研究を行うのか、どのような課題にぶつかるのか、そしてどのような専門性開発の機会を必要としていて、どのような取り組みがなされるのかといったことに関する研究は、ほとんどない。（p.35）

しかしながら、特に過去10年間においては、教師教育者という専門職やその行動の特性に関する問いに対して、多くの先行研究が部分的にだが回答を示してきた。それゆえ、教師教育者という専門職について真剣に考えるならば、この研究領域ですでに明らかにされていることをしっかりと分析し、まとめていくことが必要だろう。こうした動機から、筆者らは本書で述べている先行研究レビューを行うことにした[2]。

この先行研究レビューは、国際的な潮流に沿うものである。多くの研究者が指摘するように、あまりにも長い間、教師教育者という専門職にはほとんど注目が払われてこなかった。それが今、世界中で、教師教育者に関する研究の報告数は増えている。例えば、全米教師教育者協会（ATE, Association of Teacher Educators）やヨーロッパ教師教育学会（ATEE, Association of Teacher Educators in Europe）では、教師教育者の質を高めるためだけではなく、専門職集団としての社会的地位や立場を高めるために、教師教育者のさらに進んだ専門性開発の重要性をめぐる議論が続けられている。

また、教師教育者という専門職集団はどちらかというとまとまりがなく、そのことがこの専門職についての明確で確固とした枠組みの確立を

2）本研究は、NWO（オランダ科学研究機構）の資金によって実施された。

困難にしていた。この先行研究レビューの意義は、この点にもある。ルーネンベルクが述べているように、教師教育者の集団はかなり多様な人々から形成されている（Lunenberg, 2010*）。教師教育者は、その職に就くことによって教師教育者になるのであり、教師教育者の必要条件と結びついた正式な養成ルートは存在しない（Cochran-Smith, 2003）。そして、すべてではないが多くの教師教育者は、自らのキャリアを教師として開始している（Dinkelman et al., 2006; Berry, 2007*）。この問題については2.1節で再考する。

1.2 ｜ 本研究の目的とリサーチ・クエスチョン

本先行研究レビューの目的は、教師教育者の専門職としての役割、それに伴う専門職としての行動、そしてこれらの役割と行動に関する専門性開発について、これまで明らかにされていることをまとめ、明確な全体像を提示することである。また、専門職としての役割、その遂行に伴う専門職としての行動、そして教師教育者の専門性開発を決定づける重要な特性について、先行研究からわかることを分析する。

本研究は、次のリサーチ・クエスチョンによって方向づけられている。

1.　教師教育者の専門職としての役割はどのようなものか
2.　教師教育者の専門職としての役割と、それに伴う行動を決定づける重要な特性とは何か
3.　教師教育者の専門職としての役割と、それに伴う行動に関する専門性開発を決定づける重要な特性とは何か

本研究は、個々の教師教育者の専門職としての役割と行動に焦点を当てている。つまり、例えば教師教育者全体の専門性の水準については、多少は触れてしまうにしても、結論を導くことはしない。

また、分析に基づいて、先行研究では触れられていない領域がどこかを示し、今後の研究のための提案を行う。そして最終的な結論と考察に続いて、実践のための提言も行いたい。

1.3 | 本研究の妥当性

先に述べたように、すでに1980年代に、レニアとリトルは教師教育者の仕事についてはほとんど何も明らかになっていないことを明言している（Lanier & Little, 1986*, p.528）。教師教育者を研究の対象とした初期の主要な出版物の1つは、ドゥシャームによる『教師教育者という生き方 *The lives of teacher educators*』という本である（Ducharme, 1993*）。そして1990年代には、世界中で教師教育者とその仕事について多くの研究が現れ、教師教育者は専門職としての条件を満たすべきであるという認識が広がっていった。この点において重要な契機となったのは、1993年の〈教師教育実践のセルフスタディ（Self-Study of Teacher Education Practices）〉、略称で〈S-STEP〉と呼ばれるアメリカ教育学会（AERA, American Educational Research Association）の分科会の設立である（Russell, 2010*）。ザイクナーは、教師教育の研究にとって、この出来事が最も重要な進展であったと主張している（Zeichner, 1999*）。ラッセルとコルトハーヘンの『教師を教える教師 *Teachers who teach teachers*』はこの分科会のメンバーの経験をまとめたもので（Russell & Korthagen, 1995*）、教師教育者の経験を扱う本として、世界中の教師教育者の日々の仕事や苦闘についての詳細な洞察を提供した。さらに2004年には、同分科会は『教育実践と教師教育実践のセルフスタディに関する国際ハンドブック *International handbook of self-study of teaching and teacher education practices*』を出版している（Loughran et al., 2004*）。同書はこの分野の研究を幅広く豊富に収めており、個々の教師教育者の実践と専門性開発に多くの紙幅を割いている。同書によって初めて、実際に教師教育者は何を行いどう考えているのか、そして何よりも彼らは何に苦しんでいるのか、幅広く詳細に明らかにされた。

つまり、教師教育者の実態が明らかにされたのは1990年代の初めにすぎない（Koster et al., 2005）。だからこそ、今までに報告されてきた教師教育者の専門職としての仕事、そしてその仕事と専門性開発を決定づける特性の全体像を整理する必要があろう。これまで、そのような全体像を欠いていたのである。

2005年、アメリカ教育学会は『教師教育研究 Studying teacher education』という先行研究レビューの書物を出版した（Cochran-Smith & Zeichner [Eds.], 2005*）。この本は教師教育における政策と実践に関する入手可能な実証研究を分析し、まとめている。しかしながら、教員養成の歴史的な分析や現職教師への教育など、教師教育に関連するいくつかのテーマは取り上げられていない（pp.59-60）。また、本書で行った先行研究レビューでまさしく焦点を当てている、個々の教師教育者の役割や行動についての観点や、教師教育者の質や能力開発を決定する要因についての観点も明らかに欠いている。この点で、本書の先行研究レビューは既存の研究に抜け落ちていたものを埋めるものと言えよう。さらに、アメリカ教育学会の研究は北米で実施された研究に限られていたが、本研究では世界中の研究を視野に入れた。

1.4 ｜ その他の開発に対する本書の実際的な関連と関係性

教育界において教師教育者がますます重要な役割を果たしていることを考えると（Liston et al., 2008）、本書の先行研究レビューの意義は、教育実践にとっても社会全体にとっても重要であると言える。さらに、教師教育者は特殊な専門職であり、初等中等教育段階の教師という専門職ともまた異なっていることが今日大いに強調されている（Murray & Male, 2005）。また、教師教育者は自分自身の専門職としての行動の質を上げるための支援を必要としている、と多くの研究者が指摘している（Cochran-Smith, 2003; Koster et al., 2005; Snoek et al., 2011; Swennen et al., 2010）。この点に関して、本書ではそのような支援のための枠組みを提示する。多くの教師教育者は絶えず時間的制約と闘っているという事実を考えると、この分野における最も重要な研究の概要を示している本書は、彼らの力強い味方になれるかもしれない。

本書はまた、近年のオランダにおける教師教育をめぐる状況の変化についても網羅している。第6章においてさらに検討するが、オランダでは教師教育者の専門性開発に関する重要な改革が行われた。まず、過去10年の間に、オランダ教師教育者協会（VELON）は教師教育者の公的

な認定登録制度を立ち上げ、そのための手順を構築した。登録を希望する教師教育者は、同僚などからのピア評価を受ける仕組みである（Koster et al., 2008; Koster & Dengerink, 2008）。さらに、教師教育者によるセルフスタディを後押しするプロジェクトも始められた（例えばLunenberg et al., 2010を参照）。また、オランダ教師教育者協会との協働により、アムステルダム自由大学では教師教育者のための基盤となる知識がまとめられた。教師教育者向けのこのような知識基盤は、世界的にも他に類がない。本書は、この知識基盤を支え、改善にもつながるさらに強固な理論的基礎を築くことを目指している。

　上述の通り、オランダでは、教師教育者向けの知識基盤に基づいて、教師教育者向けの専門性開発のプログラムが開発された。このプログラムは、オランダ教師教育者協会の登録制度につながっている。教師教育機関ベースの教師教育者（教師教育機関に所属する教師教育者）と、学校ベースの教師教育者（学校に勤務する教師教育者）の両者がこのプログラムを受講しているという点でも、教師教育者の間で国際的に関心の的となっている。教師教育者を対象とした体系立った専門性開発のプログラムは世界的にみても珍しく、仮にあっても規模が小さくなりがちであるため、これは重要なステップである。幅広い調査に基づいて、ヨーロッパでは教師教育者の体系立った養成や指導の仕組みはほぼ皆無と言える状況である、とウィルソンは結論づけている（Wilson, 1990*）。教師の専門性開発を行う分野だからこそ、その教師を育てる教師教育者の専門性開発の仕組みが整っていないことは、特に驚くべき事案であるとウィルソンは言う。同論文が発表された10年後になっても、バクバーガー、カンポス、カロス、スティーブンソンが指摘しているように、状況は大きくは変わらなかった（Buchberger, Campos, Kallos, & Stephenson, 2000*）。本書の先行研究レビューは、教師教育者向けの体系化された完成度の高いプログラムの構築に貢献するものと信じている。そして、教育全体の専門性を高め、成果を上げることにも貢献できるだろう。

第2章
概念的枠組み

この章では、本先行研究レビューの核となる概念、すなわち「教師教育者」「専門職としての役割」「専門職としての行動」そして「重要な特性」の定義について論じる。

2.1 │ 教師教育者

　教師教育者は多様な人々からなる集団である。彼らは様々な経歴を持ち、様々な立場で働いている（Lunenberg, 2010*）。初等教育向けの教師教育者養成機関で働く者もいれば、中等教育向けの教師教育者養成機関で働く者もいる。また、芸術、科学技術、農業など特定分野向けの教員養成機関で働く者もいる。さらには、教師教育機関ベースの教師教育者や学生・児童生徒と協働している、学校ベースの教師教育者の数も年々増加している（Van Velzen & Volman, 2009）。教師教育者の職務もまた多様であり、教科や教育学を教え、学生の現場体験などを支援するほか、現職の教師向けの講座を開発し実践することや、研究を行うことがますます期待されている（Koster et al., 2008）。

　コステルは、「教師教育者」とは何かについて満足のいく説明を見つけるのは困難であると述べている（Koster, 2002*）。彼は、教師教育者とは終身雇用の大学教授であり、直近の12カ月間に学部レベルにおいて教師教育の授業を1つ以上教えた者、というカーターの定義を引用している（Carter, 1984*, pp.126-127）。コステル自身は、「教師教育者とは、教

員養成機関で教え、もしくは学校において学生の実習を支援し、有能な教師を育てるために学生の専門性開発に実質的に貢献する者」と定義している（Koster, 2002*, p.7）。

コステルの定義からは、3つの問題点が見出される。第1に、「実質的に」という言葉の意味が曖昧であること。第2に、学校ベースの教師教育者の職務と責任が過去10年の間に拡大していること。そして第3に、現職の教師向けの講座を担う教師教育者を含むべきと思われること、である。特に学部レベルにおける教師教育と、現職向けの教師教育との境界がどんどんぼやけているからである。

以上を踏まえて、本書の先行研究レビューでは、教師教育者を次のように定義する。「**専門性開発を支援する目的で、教師（を目指す者）を教えたりコーチングしたりするすべての者**」。

つまり、教師教育機関や学校において、教職課程の学生、経験の浅い教師、現職の教師を教え、支援することに責任を負っているすべての者が含まれる。

2.2 | 専門職としての役割

ファン=ドルンとラマース、ディ=ヤハルとディ=モーク、シプクマは、役割とは、ある特定の立場の人が多かれ少なかれ強制的に求められる行動のまとまりであると定義している（Van Doorn & Lammers, 1984*; De Jager, De Mok, & Sipkema, 2004*）。これらの行動は、専門職集団が求めるものであったり、その人が働いている組織が求めるものであったり、あるいは社会が求めるものであったりする。例えば専門職スタンダード（基準）のように、ある程度公式に定めることもできるだろう。しかしながらより重要なものは、ある立場にいる人がその時々に求められる行動であり、そして職場において周囲がその人に求める行動である。

この先行研究レビューでは、**専門職としての役割**という概念を使用している。「専門職としての」とは、体系的に組み立てられた伝達可能な理論的知識の複合体を意味している（例えばKnoers, 1987*, p.6を参照）。「伝達可能な」とは、教師教育者は理論的知識を明確にすることができ

なければならないということを指している。

　ここでは「専門職としての役割」という概念を次のように定義する。「その人が働く場から求められるものに基づいた、及び体系的に組み立てられた伝達可能な知識基盤に基づいた、自分自身の立場についての解釈」（次章以降、しばしば「専門職としての役割」を「役割」と略する）。

　「専門職としての役割」という概念を、近年の文献によく見られる「専門職としてのアイデンティティ」という概念と混同すべきではない。クラーセン、ベイヤルツ、ケルツターマンズは、専門職としてのアイデンティティを「ぶれの少ない安定した見解、専門職としての行動を省察する際の型、そしてそれに伴う自己イメージ」であると述べている（Klaassen, Beijaard, & Kelchtermans, 1999*, p.337）。つまり、「専門職としてのアイデンティティ」という概念は、主に個々人の見解や自己イメージに焦点を当てるのに対して、「専門職としての役割」は主に立場や環境から求められるものに焦点を当てるのである。

2.3 ｜ 専門職としての行動

　クヌアース（Knoers, 1987*）、ヤンスマとヴベルズ（Jansma & Wubbels, 1992*）、エロウ（Eraut, 1994*）、ホイルとジョン（Hoyle & John, 1995*）、コステル（Koster, 2002*）は、専門職としての行動とは知識基盤に基づいた行動のことであると強調する。先述の通り、教師教育者はこの行動を明確に示すことができなければならない。暗黙知や「実践知」は、筆者らの見解では専門職としての行動の十分な基礎ではない（Lunenberg & Korthagen, 2009*）。

　特に医学分野では、価値観や規範への配慮も専門職としての行動の重要な側面であるとされている。しかしながら、教師教育者のための倫理的スタンダードは、まだ私たちの手元にはない。専門職には、適切な実践を行うために自らが判断を下せる一定の裁量権がある、とフェルロープは述べているが（Verloop, 2001*）、教師教育者のための倫理的スタンダードがないからと言って、倫理的問題に対する配慮がないわけではない（例えばColdron & Smith, 1999*; Beijaard et al., 2004* を参照）。

それゆえ、本書では専門職としての行動を次のように定義する。「専門職集団の価値観や規範を示す、体系的に組み立てられた伝達可能な知識基盤に基づいた行動」。

上記の定義は、教師教育者の専門職としての役割や行動をすべて言い表しているわけではない。ファン゠ドルンとラマース、ホウフィンとファン゠ボンは、実践ではいくつかの役割が組み合わされることがよく起こるので、それぞれの役割を明確にすることは難しいと強調している（Van Doorn & Lammers, 1984; Hoving & Van Bon, 2010*）。教師教育者はいくつもの役割を併せ持っている、という点は明白だろう。ドゥシャームは、ヤヌス（2つの顔を持つローマ神話の双面神）に喩えつつも、教師教育者には実際には2つより多くの顔があるようだと述べている（Ducharme, 1993*）。すなわち「学校人、学者、研究者、方法論者、そして見知らぬ惑星への訪問者」である（p.6）。こうした役割の組み合わせは、教師教育者の悩みや葛藤の原因となり得る。なぜなら時には併せ持つことが難しい、いくつもの期待や規範に応えなければならないからだ。

2.4 | 重要な特性

本書では、重要な特性という語を次のように定義する。「専門職としての役割と行動の質を決定する特性、あるいは役割や行動に関する教師教育者の専門性開発の質を決定する特性」。

次章において説明するように、本研究では、実証的に、そして適切に示すことができる範囲内でこの重要な特性を論じていく。

第3章
研究方法

3.1 | 8つのステップ

　本書の先行研究レビューは、ランドルフによる（質的な）文献研究の
ための方法論の枠組みを使用している（Randolph, 2009*）。ランドルフ
は、研究者が実行すべき手順として8つのステップを次のように定式化
した。

1.　時系列に沿った記録を作成する
2.　レビューの焦点を明確にする
3.　関連文献を探す
4.　文献を分類する
5.　文献の概要のデータベースを作成する
6.　教師教育の構成要素とそれらの因果関係を仮説的に特定する
7.　対立する研究結果や異なる解釈の有無を調査する
8.　結論を裏づけるために、同じ分野の専門家や資料提供者に協力を
　　求める

　この章では、本先行研究レビューを行うにあたって、どのようにこれ
らのステップを踏んできたかを説明していこう。

1. 時系列に沿った記録を作成する

最初のステップは、レビューのプロセスの各段階を丁寧に記録することである。筆者らも記録を行った。以下にこの先行研究レビューに用いた文献とその選出の手順を説明する。また、データ分析及びその解釈のプロセスについても示していく。続いて、本研究の信頼性、透明性、徹底性を、筆者ら3人による協働体制がどう高めてきたかを報告する。これについては、国際的な専門家のグループ（「批判的な友人」、つまりコメントを依頼した研究者たち。第8ステップを参照）の関与を求めることでさらに高めることができた。

2. レビューの焦点を明確にする

レビューの焦点は、第1章で述べた本研究の目標と3つのリサーチ・クエスチョン（p.15）が明示している。

3. 関連文献を探す

ランドルフによれば、第3ステップは、文献を徹底的に探す作業である。本研究ではこの検索を「方向づけ」の段階から始め、続いて「選出」の段階へと進んだ。

・検索の方向づけ

まずは方向づけから、すなわち対象となる先行研究の全体像を把握するための検索語句、質の基準、発表時期をできる限り完璧に特定するという作業から始めた。全体像を得られれば、リサーチ・クエスチョンに答える助けとなる。

初めに、何が最も適切な検索語句となり得るかを調べた。そして方針をもとに、この研究のための検索語句を選出した。最終的に選んだのは「教師教育者（teacher educator(s)）」「教員養成指導者（teacher trainer(s)）」「指導教諭（mentor teacher(s)）」である。最後の語句を加えることで、学校現場で教育実習生の指導を担当する者も明確にこの研究の対象に含むことになる。しかし、これらの語句と本研究の核となる概念（役割、行動、専門性開発）を組み合わせて検索したところ、これは効率的ではなかった。例えば「教師教育者」と「役割」の組み合わせからは教師教育

者の役割に関する文献はほとんど得られず、検索結果は主に教師教育におけるリフレクションの役割についての論文であった。そこで、3つの検索語句と前の章で説明した核となる概念を組み合わせる方法は採用しないことにした。

　次に（対象とする先行研究の）質の基準を定めた。調査対象は主にISI（Institute for Scientific Information, 科学情報研究所）、またはICO（Dutch Interuniversity Center for Educational Sciences, 教育科学のためのオランダ大学共同センター）が認定する学術誌に掲載されている論文に絞り込んだ。ISIだけでなく、ICOも *Studying Teacher Education* など、いくつかの教師教育学研究を目的とした学術誌を認定している。これらの学術誌の質は、学術界でも広く認められており、掲載論文の審査は二重盲検の形の査読によって行われている。

　より難しかったのは、書籍の質を比較するための基準を見つけることであった。博士論文であれば基準を満たすものとみなしたが、本先行研究レビューの対象となるような博士論文は、部分的に論文としても出版されていることが少なくない。また、しかるべきハンドブックに収められている論文は厳格なレビューを経ているとはいえ、多くの場合、書籍は質の保証という観点からはグレーゾーンに入ると考えられる。

　そのため、リサーチ・クエスチョンに答えていくにあたって、本レビューではISIとICOが認定する論文を主に取り扱うことにした。目的に適っていると考えられる範囲において、書籍も適宜参考文献として加えた。これらの書籍は、選出した論文で頻繁に引用されているものが多い。本書では、（ISI, ICO認定以外の）これらの参考文献にはアスタリスク（*）を付してある。

　方向づけの段階におけるもう1つの重要な点は、対象とする研究の発表時期を定めることであった。（Wilson, 1990*; Ducharme, 1993*; Zeichner, 1999*; Buchberger et al., 2000* によると）1990年代より前には教師教育の研究はほとんど発表されていないため、1991年から2011年を対象期間とした。

　最後に、どの検索エンジンを利用するかを決めた。量的、及び質的に、どの検索エンジンで最良の結果が得られるかを試した結果、Web of Knowledge、Science Direct、Tandfonlineがふさわしいと判断した。こ

れらの検索エンジンと3つの検索語句「教師教育者」「教員養成指導者」「指導教諭」の組み合わせの結果は、表3-1のようになった。

・文献の選出

　次の段階では、見つかった1260本の文献をさらに絞り込んだ。掲載学術誌と論文要旨に対し、次の2つの基準を設けて調査範囲を狭めた。

（1）ISIまたはICOが認定する学術誌に掲載されていること
（2）教師教育者、教員養成指導者または指導教諭を中心的に扱った研究であること

　例えば、教育実習生の学習についての論文のように、教師教育者への助言を述べてはいるが、教師教育者をあまり中心的には扱っていない教師教育関連の論文が数多くあるため、2つ目の基準は特に重要である。これに該当しない研究は含めていない。

　1260論文のうち、初めの300論文の要旨は、筆者ら3人のうち2人が別々に上記の2つの基準に沿って審査した。その結果、コーエンのカッパ係数（分類の一致度）は0.80であった。異なる審査者による審査の一致度が高く、信頼性が高かったため、残りの論文の要旨は3人のうち1人のみが審査をした。疑問の残る場合にはもう1人を加えて協議した。こうして405本の論文が選出された。

4.　文献を分類する

　この第4ステップと次の第5ステップは、選出された文献をデータベースに分類し、その概要をまとめる作業である。ランドルフはこの2つのステップを繰り返し行うべきであると強調している。本研究では以下のように進めた。

　教師教育者の専門職としての役割と行動、及びその専門性開発についての情報を含む論文を選出するため、405本のすべての研究論文について、筆者ら3人のうち少なくとも1人は全文に目を通した。その後、適切とみなされた論文のリストを作成し、各論文が扱っている核となる概念とその他の情報を付記した。核となる概念について言及していても、

表3-1 ｜ 3つの検索エンジンを使った、1991年から2011年における「教師教育者」「教員養成指導者」「指導教諭」の検索結果の概要

検索エンジン	検索語	被検索数
Web of Knowledge （文献のタイトル、トピック）	教師教育者 教員養成指導者 指導教諭 （文献のタイトルと主題で検索）[1]	979件
Science Direct （文献のタイトル、キーワード、要旨）	教師教育者 教員養成指導者 指導教諭 （文献のタイトル、キーワード、主題で検索）	+139件
Tandfonline （文献のタイトル、キーワード、要旨）	教師教育者 教員養成指導者 指導教諭 （文献のタイトル、キーワード、主題で検索）	+142件
合計		1260件

明らかに内容が古いと思われる1990年代初めの論文のいくつか（教師教育者に対して、経験に基づく裏づけや行動の提案がないまま、現場と定説となっている理論とのギャップに目を向けるよう訴えている論文など）はリストに入れなかった。また、ISIまたはICOが認定する学術誌に載っているという事実は、質の基準としてそれだけでは不十分であることがわかった。そのため、いくつかの質が低い論文（研究方法に言及がない、もしくは形式だけで中身がないものなど）もリストからはずした。結果的に、約130本の論文が本レビューのリサーチ・クエスチョンに答えるにあたって有用であると判断された。いずれも、教師教育者の専門職としての役割、それに伴う専門職としての行動、専門性開発に関する情報を提供していると考えられる論文である。

5. 文献の概要のデータベースを作成する

次に、第4ステップで作成したリストをもとに、研究結果を要約して

---

1) Web of Knowledgeではキーワード検索はできない。

データベースを作成し、選出したそれぞれの研究に対して次の項目を載せた。

(1) 研究が実施された国
(2) 中心的なリサーチ・クエスチョンもしくは研究の焦点
(3) 研究方法
(4) データソース
(5) 研究の対象となった教師教育者の数
(6) 研究の対象となった教師教育者以外の人の数（生徒など）
(7) 研究によって明らかになった役割、及び（または）役割に伴う行動
(8) 研究によって明らかになった役割、及び（または）役割に伴う行動に関する専門性開発

データベースの書式は表3-2の通りである。

6. 教師教育の構成要素とそれらの因果関係を仮説的に特定する

　ランドルフは、この第6ステップの目的を「メタ分析とは異なり、調査された現象の理解をより深めることである」と述べている（p.10）。本レビューではデータ分析にグラウンデッド・セオリー・アプローチ[1]（Strauss, 1987*; Strauss & Corbin, 1998*）を用い、帰納的な分析を行った（Patton, 2002*）。このアプローチを選んだのは、筆者らのリサーチ・クエスチョンに応用できる既存の準拠枠がなかったからである。

　手順は以下の通りであった。初めに、データベースを用いて、各文献の中で何が教師教育者の専門職としての「役割」とみなされているかを調べた（リサーチ・クエスチョン1）。時にこれは、非常に複雑な課題であった。専門職としての役割が明示され、詳細に説明されている研究もあったが、より抽象的な記述のみの研究もあった。また、類似した名称で語られる役割に関する記述が中身も類似しているとは限らず、逆に類似する内容の記述に同じ名称がついているわけでもなかった。これらの問題点を筆者ら3人で話し合い、その結果、1人が総合的分析をした後で、残る2人がそれを確認することとした。この手順を経て、専門職と

表3-2 | データベースの書式

論文	国名	リサーチ・クエスチョン	研究方法	データソース	教師教育者の数	その他の人の数	役割と行動	役割と行動の専門性開発

しての役割を6つに分類した。

この過程において、50本ほどの論文を分析したあたりで、もうこれ以上新しい役割は出てこないことがはっきりした。概念的飽和（Van Veen et al., 2010*）に到達したのである。

次に、選出した文献において、どのような「重要な特性」が専門職としての役割とそれに伴う行動を決定づけているのかを分析した（リサーチ・クエスチョン2）。6つの役割とそれに伴う行動のそれぞれに対して、文献の質、量はともに様々であった。なかには、小規模な質的研究で数回言及されただけの特性もあった。そこで関連性のある特性は1つにまとめることで、経験により裏づけられた基盤をしっかり固めることができた。したがって、他の研究と関連を持たないマイナーな質的研究にのみみられる特性は、本レビューには含まれていない。

このため、ある特性について複数の研究が言及している場合にのみ、それを役割、もしくは行動の重要な特性として定めていることに留意してほしい。特に、選出した研究の多くは、小規模な質的研究（ケーススタディ、インタビュー調査、セルフスタディ）であったため、抽出した重要な特性を経験的に裏づけられるよう、注意に注意を重ねて対応した。

いくつかの役割や行動に関しては、研究の数が少なかったり、結果が一貫性に欠けていたりした。慎重なプロセスを経た結果、6つの役割のうち2つの役割においては重要な特性が1つしか発見されなかった。

それぞれの役割と行動の「専門性開発」に役立つ特性の分析も同じ手順で行った（リサーチ・クエスチョン3）。6つのうち3つの役割とそれに伴う行動については、リサーチ・クエスチョン3に答える研究はほとんど見つからなかった。そのため、これらの3つの役割については専門性開発のための重要な特性を定めることができなかった。

内部妥当性を高めるため、それぞれの役割について、筆者らのうち2人が別々に、その役割とそれに伴う行動の研究の一部分、もしくは全体の分析を行った。専門性開発についての研究の分析も同様に行った。特

に複数の役割に焦点を当てている研究の分析にあたり、専門職としての役割、行動、専門性開発のすべてにおいて一貫性のある説明をするために、これはとても重要な手順であった。2人が異なる結論に達したことが何度かあったが、その度に相違が議論され、最終的な同意に至るまで分析を繰り返した。

7. 対立する研究結果や異なる解釈の有無を調査する

本書を執筆している間、筆者ら3人は3週間ごとにミーティングを行い、上記の6つのステップについてじっくりと検討した。第6ステップを実行している間は特に、別の解釈があり得るのではないかということを入念に話し合った。そして第6ステップの後、第3章「研究方法」と第4章「研究結果」の草稿を執筆した。これは「コメントを依頼した研究者」（第8ステップを参照）に送られ、彼らのコメントを得ることで、より明快な解釈が導かれた。

8. 結論を裏づけるために、同じ分野の専門家や資料提供者に協力を求める

「研究方法」と「研究結果」の草稿は、選出した文献の一覧とともに、コメントを依頼した7人の研究者——異なる国々の教師教育分野の専門家たち——によって論評された[2]。筆者らは、研究方法の信頼性と透明性、文献の選出の完成度、その他の任意の側面についてコメントを依頼した。彼らはみな、根拠を伴ったほぼ肯定的な反応を返してくれた。それらの批評とコメントを以下に要約する。また、それらに対する筆者らの対応も記す。

・本研究の目的と概念

ほとんどのコメントが、この研究の目的は何か、核となる概念をいかに定義したか、という問いを投げかけていた。それらについては第1章で述べると伝えてあったが、送付した草稿にその肝心の第1章は付され

---

2) コメントを依頼した研究者たち、ロニー・デイビー（Ronnie Davey、ニュージーランド）、クレア・コズニック（Clare Kosnik）、ジャッキー・デロング（Jackie Delong）、リン・トーマス（Lynn Thomas、以上カナダ）、メラニー・ショフナー（Melanie Shoffner、アメリカ）、ペリー・デン・ブロック（Perry den Brok）、ハルム・ティレマ（Harm Tillema、以上オランダ）のこの先行研究レビューへの貢献に感謝の意を示したい。

ていなかった。しかし結果的に、彼らの問いかけは、核となる概念を正確に定義づけ、初めの2つの章を書くために役立った。

・各先行研究の背景

　コメントを依頼した研究者らは、国によって、時には同じ国の中であっても、それぞれの研究の背景が異なることを考慮に入れるべきだと強調した。背景の違いによって、使われている言葉は同じでも意味が異なるという事態が生じるからである。彼らは教師教育や研究のあり方に関して、具体的な提案もしてくれた。これらのコメントは、研究の目的や用語の意味づけ方がそれぞれの研究の背景とどう結びついているかについて、適宜明確にすべきであるという筆者らの認識をさらに強めた。

・本研究の方法

　研究方法に関して、コメントを依頼した研究者らは、主に第3ステップと第4ステップに対し、さらに検討を要する3つの点に注目した。

　まずは、検索語句の選択が検索結果をも規定してしまうという指摘である。第3ステップの項で説明したように、筆者らの選択方法は、最善の方法というよりも実効性を優先した部分があることは否定できない。「教師教育者」に関連する検索語句が最も実のある結果を生むとわかったが、一方で、例えば「教師教育者」と「役割」を組み合わせての検索は効率的でなかった。

　検索語句については、より具体的に、「指導教諭」という検索語句の選択が結果に及ぼす影響についての指摘もあった。この選択は筆者らも苦労したところであった。筆者らの見解では、学校現場における教師教育（school-based teacher education）の重要性が高まっているため、学校ベースの教師教育者（school-based teacher educators）の研究は本レビューに含まれるべきである。そのため、方向づけの段階で、どの検索語句が一番よい結果を生むかと試行錯誤した。「学校ベースの教師教育者」という語句では限定されすぎた。それに比べると、「指導教諭」という語句ではかなり範囲が広がったが、指導教諭の仕事と責任は国や背景ごとに様々であった。例えば、ある国では大学で学生を指導する者であるのに対し、ある国では教師教育プログラムの一環である教育実習の際に実

習生を指導する学校の教師を指す。そのため、「指導教諭」という検索
語句の使用は曖昧さを生じさせる。そうではあったが、筆者らはまず
「指導教諭」という語句を使用し、検索結果として出てきた研究が学校
ベースの教師教育者に関するものであるかをみるために、それを注意深
く読むことにした。本研究の課題と核となる概念に留意して文献を選出
するという手順である。

　2点目の方法論上の指摘も、第3ステップに関するものであった。教
師教育者に焦点を当てた論文のみを選出するというやり方は、例えば大
学と連携した教師の養成・研修機関としての職能開発学校（professional
development schools）の取り組みや、教科内容、教師教育のカリキュラム
の開発や評価に焦点を当てた論文を見落とす可能性がある。それらの研
究も専門職としての役割、行動、専門性開発に関する見識を提供し得る
という彼らの指摘は正しかった。しかしながら、本先行研究レビューに
おいては、教師教育に関するすべての研究を選出することは不可能であ
り、選択せざるを得なかった。教師教育者について論じるすべての研究
を対象としていたら、研究数は多すぎただろう。それでも、自分たちの
選択が最終的に導かれた結論に影響を与えていることは認識している。

　3点目の方法論上の指摘は、論文の質、実証性、妥当性の基準をどう
考慮したかということについてだった。質、実証性、妥当性のレベルを
評定することは可能か、という問いである。

　上記のように、論文を質という基準で選出するために最も重視したの
は、ISIかICOが認定する学術誌に掲載されているかどうかということ
であった。すでに検討したように、これは完璧な基準とは言えず、すべ
ての論文を読む中で（第4ステップ）、いくつかの論文は筆者らの観点か
らは問題があるとみなされた。その結果、それらは選出リストに含まれ
ていない。本書の付録に、選出した各論文が使用した研究方法を記載し
ているが、これらの非常に多様な、そして質的研究を主とする研究の質
を審査することはほぼ不可能である。研究には、疑似実験からセルフス
タディによるものもあり、その種類は非常に多様であったため、厳格に
例外のない方法で妥当性を審査することはかえって微妙な問題を生じさ
せることになった。そのため、そのような審査の方法はとらなかった。

　また、第6ステップで、役割、それに伴う行動、それらの専門性の開

発のために有用な特性が複数の研究で言及されている場合のみ、それを重要な特性として定めることで妥当性を高めるという方法をとったことを説明した。特定した重要な特性を実証すべく、このように注意を重ねて対応してきたつもりである。重要な特性は、複数の研究が同じ傾向を示す場合に限って導き出された。

・文献の選出の徹底性

コメントを依頼した研究者らによって追加すべきと提案された文献は、次の3つに分類される。

（1）上記の判断によって定めた枠組みからはずれた研究。これらは取り上げないことにした。
（2）初めの1260件のリストにはあったが、その後に除外された研究。これらの論文は再読され、いくつかは最終リストに追加された。
（3）書籍やその他の研究。これらもまた慎重に調査し、関連のあるものは参考文献として本研究に使用した。

・その他のコメント

最後に触れておきたいのは、コメントを依頼した研究者らが、いくつかの編集に関するコメントも提供してくれたことである。例えば筆者らは、自律学習における教師教育者のコンピテンシー[2] に関して批判的な記述をしたが、2人の研究者は、この一般化された記述は彼らの経験と一致しないと述べた。このようなコメントは、文献についてだけでなく、文献をもとに導く結論に対しても注意深くあり続けるために役立つものであった。しかしながら、筆者らが導き出した結論は、コメントを依頼した研究者らの個人的背景に多少なりとも影響されている意見に基づいたものではなく、文献によって導かれたものであることを断っておきたい。

3.2 | 最終的なデータベース

前節で説明したステップを経て、データベースに収録する137本の先行研究の最終的なリストが完成した（付録参照）。データベースは、教師教育者の専門職としての役割と行動、専門性開発に関する研究のほとんどが北米、欧州の一部の国（オランダ、イギリス）、イスラエル、オーストラリアに集中していることを示している（表3-3参照）。

また、この分野の研究が過去10年間に大きく発展したこともデータベースから結論づけることができる。選出した137本の先行研究のうち、130本（95%）は2002年以降のものである。論文の過半数（61%）が掲載されている学術誌は少数に限られており、*Teaching and Teacher Education*が最多であることもわかった（表3-4参照）。

データベースに収録された研究では、様々な研究方法が用いられている。表3-5は、これらの研究方法の一覧である。主に質的方法がとられており、研究の多くは小規模であった。方法はケーススタディ、セルフスタディ、インタビュー調査が多く（合わせて全研究の58%）、エッセイも比較的多かった（12%）。定量的研究は視点が限定されたものだった。これらが、文献の統計的なメタ分析ができなかった理由である。

表3-3 ｜ 研究の大半が行われた6ヵ国。複数の国で行われた研究は数に含まれない

国	研究の数
アメリカ	46
オランダ	23
イギリス	17（うちイングランド　14）
イスラエル	9
カナダ	9
オーストラリア	8
合計	109（80%）

表3-4 ｜ 選出した先行研究の計60%以上が掲載されている5つの学術誌

学術誌	研究の数
Teaching and Teacher Education	39
European Journal of Teacher Education	12
Professional Development in Education	11
Journal of Teacher Education	11
Studying Teacher Education	11
合計	84（61%）

表3-5 ｜ 選出した先行研究が用いた研究方法

研究方法	研究の数
ケーススタディ	36
セルフスタディ	28
エッセイ	17
インタビュー調査	15
社会調査	7
相関研究	3
疑似実験	3
記述的研究	3
文書分析	2
文献研究	2
比較研究	2
アクションリサーチ	1
観察研究	1
メタ分析	1
複数の研究方法の組み合わせ	16
合計	137（100%）

第4章

研究結果
——教師教育者という専門職の特性

この章では本先行研究レビューの結果を述べる。4.1節では、見出された教師教育者の6つの専門職としての役割について説明する。その後の節（4.2節〜4.7節）で、それぞれの役割とそれに伴う行動の重要な特性について、また専門職としての役割とそれに伴う行動に関する専門性開発にとって重要な特性を示す。

4.1 | 6つの役割

第2章で述べたように、ドゥシャームは教師教育者の独自性を「（ローマ神話の双面神である）ヤヌスのよう」であると表現し（Ducharme, 1993*, p.4）、「統合失調症的」という言葉さえ使っている。その3年後、コステル、コルトハーヘン、ヴベルズ、ホーンウェフが教師教育者の行動の記述を試みた（Koster, Korthagen, Wubbels, & Hoornweg, 1996*）。彼らは学生と教師の学習過程やリフレクションの促進について述べ、さらに、教師教育者はカリキュラムを開発し、学生を教師という専門職へ導くことに責任を持ち、研究を行い、そして自らの所属する機関内外の関係者と交流を持ち続けると述べている。その後、数年間にわたり、教師教育者であるということが何を意味するのかについての議論が続いた。例えばコクラン=スミスは、教師に対する教育の責任が、教師教育機関ベースの教師教育者から学校ベースの教師教育者にシフトしたことを指摘している（Cochran-Smith, 2003）。複数の研究者によれば、世界各国において、

博士課程修了後に教師教育者になった者もいるが（Murray & Male, 2005; Martinez, 2008; Mayer et al., 2011）、大半が教師教育者になる前は教師であったという（Kosnik et al., 2011）。これら2者の数値的な比は国によって異なるが（Martinez, 2008; Van Velzen et al., 2010; Menter, 2011）、全体的には経験の浅い教師教育者の大半が着任時にはすでに専門職としてのアイデンティティに影響を与えるような経歴を持っていると言える。

4.1.1 | 教師の教師、研究者

教師教育者という専門職は、教師という専門職とは本質的に異なっている（Murray & Male, 2005）。教師教育者は小学校や中学校の先生ではなく、彼らに比べ、確固たる学問的な知識基盤を必要とする高等教育の教師である。しかし、教師教育者は、高等教育において、その仕事の特質から特殊な集団とみなされている。教師教育者となる教師は、これら2つの職業の差は小さいと考えがちであるが、実際にはすぐに多くの新たな課題に直面する。

例えばブロックとリターは、共同で行ったセルフスタディにおいて次のように指摘している。教師が教師教育者になり、専門職としての自己のアイデンティティを形成するうえで重要なのは、所属する機関が暗黙に、あるいは明確に自分に求めているものと向き合い、「教師の教師」そして「研究者」としての自分の能力について真摯にふり返ることであるという（Bullock & Ritter, 2011）。

また、マレーとメイルは、教師から教師教育者になった28人にインタビューをし、それを分析して、教師教育者になるプロセスの鍵となる点を次のように導き出した（Murray & Male, 2005）。

1. 自分なりの教師教育学を開発すること
2. 高等教育という環境で働くとはどういうことであるかを学ぶこと
3. 研究に着手し、探究する姿勢を身につけること

さらにルーネンベルクとハミルトンも、自身の教師教育者としての専門性開発について共同でセルフスタディを行っている（Lunenberg & Hamilton, 2008*）。彼らは、整った教育プログラムがなく、この専門職が

不明瞭なものであることにより、個人史（体験・経験）が仕事のやり方に与える影響が他の職業の場合よりも大きいと結論づけた。特に学生のモデリング[3]とリフレクションを促進する際に、自分なりの教師教育教授法を開発することが専門性開発のポイントであると強調している。また、2つ目に重要な点は、知識の消費者から生産者になることであったという（Murray & Male, 2005を参照）。

　スウェネンらは、教師から教師教育者への移行に関する25本の研究を分析し、教師教育者には4つのサブ・アイデンティティがあることを見出した（Swennen et al., 2010）。（1）（元）教師（2）高等教育の教員（3）教師の教師（4）研究者である。また彼らは、教師教育者として成長するためのポイントは、教師から「教師の教師」と「研究者」への移行であると力説している。加えて、モデリングをすること、そのモデルを理論的に裏づけること、自身の実践を検証することが、経験の浅い教師教育者の専門性開発を促すことも見出した。

　これらの研究を考慮に入れると、「教師の教師」と「研究者」という役割が選出した137本の先行研究の分析において目立っていたのも当然のことである。この2つの役割についての発見は、4.2節と4.3節で述べる。分析をもとに、残る4つの教師教育者の役割も以下に説明する。

4.1.2 ｜ コーチ（指導員）

　選出した先行研究には、ガイド、メンター、指導教諭、受入教員、ファシリテーター、学校ベースの教師教育者などとも呼ばれるいわゆる「コーチ」という役割について、一般的な定義は見出せなかった。広く共有されていたのは、教育実習生の学習プロセスを促進することが、この役割のポイントであるという基本的な捉え方であった。筆者らが見出したこの役割についての研究のほとんどは、教師教育プログラムの中でも、特に教育実習期間における学生の学習プロセスを促進することに関連するものであった。この役割については4.4節で解説する。

4.1.3 ｜ カリキュラム開発者

　当初の文献調査では、教師教育カリキュラムの開発を目的とする研究が多く見受けられた。分析をすると、「カリキュラム開発者」としての

教師教育者のセルフスタディはごく少数であるとわかったが、それらの研究は、「カリキュラム開発者」という役割が、教師教育者が担うことのできる固有の専門的な役割であることを示していた。

　つまり、教師教育者に焦点を当てた研究を数多く見出すことはできなかったが、見出された研究は、教師教育者が「カリキュラム開発者」となり得るという方向性を示していたのである。この役割については4.5節でさらに詳しく扱っていく。

4.1.4 ｜ ゲートキーパー (門番)[4]

　分析から見出された教師教育者の5つ目の役割は、学生を教師に育てるという責任に伴う役割であった。この役割に関する多くの研究は、アクティブで自律的な学習を促す構成主義[5]的な視点と、スタンダードや評価表を使用して教師という専門職の質の保証を行うという評価者の視点とが、葛藤を生じさせることに焦点を当てていた。この役割については4.6節で述べる。

4.1.5 ｜ 仲介者

　学校現場における指導教諭や受入教員の役割は、かつては1人の学生を指導し、1人の教師教育機関ベースの教師教育者とやりとりをすることに留まっていた。しかし、この状況は急速に変化してきている。教師教育プログラムにおいて、学校と指導教諭もともに責任を負うようになってきているのである。その結果、学校ベースと教師教育機関ベースの双方の教師教育者が協力体制を構築する必要が生じている。これは「仲介者」もしくはファシリテーターの役割と言える。筆者らの見出した研究によると、学習者コミュニティの中では仲間同士の協力の促進はよくあることであった。この役割については、4.7節でより詳しく議論していく。

4.1.6 ｜ 6つの役割についての研究の数

　表4-1は、リサーチ・クエスチョン2 (列2) と3 (列3) に答えるために貢献した研究の数を、6つの役割それぞれについて表したものである。

第4章｜研究結果――教師教育者という専門職の特性

表4-1｜専門的な役割、及び（または）行動を決定づける重要な特性に関する研究(a)と、専門的な役割、及び（または）行動の専門性開発を決定づける重要な特性に関する研究（b）

役割	役割と行動についての研究数（a）	役割と行動の専門性開発についての研究数（b）	研究数合計
教師の教師	33	41	68
研究者	13	18	26
コーチ	18	12	25
カリキュラム開発者	14	0	14
ゲートキーパー	7	0	7
仲介者	11	1	12

4.2 ｜ 教師の教師

　選出した先行研究では、「教師の教師」としての役割に関する研究が突出して最も多かった。その数は68本であり、これらの文献で重視されていたテーマは、教師という専門職と教師教育者という専門職との区別であった。

　すでに本章で、ほとんどの教師教育者は教師教育者になる以前に初等または中等教育の教師の経験を持っていると述べた。教師としての経験は教師教育者を採用するにあたっての重要な基準であるため、これは当然のことである（Twombly et al., 2006）。教師は、教授経験、コミュニケーション能力と生徒を引きつける能力、グループ・ダイナミクス[6]に対する敏感さ、教室で安全かつ学習を促進する環境をつくる能力、生徒のやる気を起こしふり返りを助ける能力を有している。柔軟性と組織化の技術もあり（Van Velzen et al., 2010）、さらに、教科教育の具体的な知識も持っている（Greensfeld & Elkad-Lehman, 2007）。しかし教師がこれらすべての才能を持っていたとしても、「教師の教師」になるにはまだ十分ではない。

4.2.1 ｜ 役割と行動

　「教師の教師」としての役割と、それに伴う行動の質にとって重要な7つの要素が見出された。これらは4種類に分類できる。

Ⅰ. 一段階上の教授
Ⅱ. アクティブで自律的な学習の促進
Ⅲ. 明確なモデリング
Ⅳ. 葛藤とジレンマへの対処

　7つの要素のほとんどを伸ばすにあたっては、構成主義に基づいた教師教育の教授法を必要とする（Korthagen & Kessels, 1999*; Korthagen et al., 2006）。構成主義の観点からいうと、学生のアクティブで自律的な学習の促進や、モデリングをしたり葛藤場面に対応する際の自らの行動の教育性を明確にしたりすることは、「教師の教師」という役割の重要な側面である（Loughran & Berry, 2005; Berry, 2009）。

Ⅰ.　一段階上の教授

　マレーとメイルは、イギリスの教師教育者の専門職性についてのインタビュー調査をもとにした研究において、一次的な教授とその一段階上の教授とを区別している（Murray & Male, 2005）。一次的な教授とは、児童生徒を教える教師の営みを指し、一段階上の教授とは教師（または教職課程の学生）を教える教師教育者の営みを指す。また、ベリー（Berry, 2009）、ハリソンとマッキエン（Harrison & McKeon, 2008）、スウェネン、ルーネンベルク、コルトハーヘン（Swennen, Lunenberg, & Korthagen, 2008）も、そのような2つの教授の段階について指摘している。一段階上の教授の質を決める重要な要素は、以下の2点である。

（1）高等教育において成人の学習者とともに働く能力

　教師から教師教育者への転換は、初等中等教育から高等教育へ、そして子どもに教える立場から成人に教える立場への転換を伴う（McKeon & Harrison, 2010）。経験の浅い教師教育者28人への調査に基づいたマレーとメイルの研究は、教師教育者になった教師が、初等中等教育で培った教授法を、成人に教えるために応用することに困難を感じている、というクレマー＝ヘイヨンとブゾブスキーの発見（Kremer-Hayon & Zuzovsky, 1995*）を裏づけている。また、教師教育者は、知識の伝達とディス

カッションの方向づけを行うための適切な方法を求めているという（Mueller, 2006）。つまり、教師教育者は成人がどう学習するものなのか、そして彼らの学習をどう手助けしていけるのかを学ばなければならない（Murray & Male, 2005）。スウェネンらは、社会調査から、経験の浅い教師教育者にとって高等教育への移行は難しく、彼らのほとんどがガイダンスの不足を訴えていることを論証している（Swennen et al., 2010）。

(2) 暗黙知とそれを下支えする理論を明瞭に示す能力

　スミスの研究は、イスラエルの経験の浅い教師40人と教師教育者18人に、優れた教師教育者であるとはどういうことかを問うものである（Smith, 2005）。経験の浅い教師の約3分の2が、優れた教師教育者には、彼ら自身の教師教育のペダゴジーとそれを下支えする理論を明瞭に示す能力を求めると答えている。しかし注目すべきは、教師教育者の中にこれについて言及した者がただの一人もいなかったことである。ウィレムス、ルーネンベルク、コルトハーヘンが行った教師教育の価値に関する研究も、教授法における暗黙知を明瞭にすることの重要性を指摘している（Willemse, Lunenberg, & Korthagen, 2008）。つまり、教師教育者は暗黙知を明瞭化するために「価値言語」を発達させるべきであるというのである。マラーも、暗黙知の明瞭化こそが、自身が「教師の教師」としての役割を果たすうえで重要であったと力説している（Mueller, 2006）。

Ⅱ.　アクティブで自律的な学習の促進

　21世紀に入って活性化したもう1つの重要な論題は、学校と教師教育の場の両方で、児童生徒・学生主体の学習、すなわち自律学習やアクティブ・ラーニングをいかに促進するかということであった（例えばTillema & Kremer-Hayon, 2002を参照）。これは学習に対する構成主義的な視点に国際的な注目が集まったことの直接的な結果のようである。アクティブ・ラーニングの促進においては、次の1つの重要な要素が見出された。

（3）ビジョンを持ち、アクティブで自律的な学習を促進する能力

　ブロンクホルスト、メイヤー、コステル、ヴェルモントの研究は、そのリサーチ・クエスチョンを「教師教育者は学生主体の学習をいかに促進できるか」「そこからいかに意味志向型の学習や学生同士で進める実践の開発を導くか」としている（Bronkhorst, Meijer, Koster, & Vermunt, 2011）。彼らはオランダ人教師教育者12人へのインタビューを実施して、「教職課程の学生に自分が持つ先入観について考えさせる」「多様な視点からの意見を扱う」「意味志向型の学習モデルを提示する」「教師教育のペダゴジーを明示する」など、12のペダゴジーの原則にたどり着いた。

　しかし、教師教育者がこれらの原則をどの程度まで共有し、実際にこれらに沿って行動しているかについては疑いの余地がある。ドンクとファン=ペーテヘムは、119人のフラマン人教師教育者の学習・教授戦略を研究した（Donche & Van Petegem, 2011）。教師教育者は実習生の学習過程を外側から操作しようとすることを好むという彼らの発見が示すように、アクティブで自律的な学習の促進の重要性はいまだ一般的には知られておらず、知られていても実際の行動には反映されていないようである。また、グブウとヤンは、教師教育機関における指導の方法について調査するために、アメリカ教育省がとりまとめた高等教育スタッフに関する全国調査（National Study of Postsecondary Faculty, NSOPF-93）における524人の教師教育者のデータの2次分析を行った（Goubeaud & Yan, 2004）。この研究でも類似した傾向がみられた。つまり、指導の方法は大学内の他の教員とは異なるが、それでも半数以上の教師教育者が講義形式を主な授業方法としていた。4分の1強の教師教育者はディスカッション形式をとっていたが、グループワークを主な形式として使用していたのはわずか6％であった。アクティブ・ラーニングや自律学習の促進が教師教育者の間ではあまり一般的でないことは、イスラエルとオランダの教師教育者へのインタビューでも示されている（Kremer-Hayon & Tillema, 1999）。このインタビューにおいて、教師教育者は自律学習に対して肯定的な姿勢を示したものの、その実践に関しては条件が整っていないと述べている。この研究は、このような視点を教師教育に持ち込むことには複雑さが伴うと指摘し、研究結果に基づいて次のように結論づ

けている。

　　　教師教育者は、学生を刺激してやる気を出させることの必要性を強
　　　調するが、その一方で、学生は、支援が必要なことや、協同学習の
　　　機会が十分にないために自律学習の過程で孤立する不安があること
　　　を訴えている。自律学習が成立するためには、学生が教師教育プロ
　　　グラムを受ける以前に、あるいは受けている中で、自己管理能力と
　　　目標設定能力を身につけておく必要があることを考えれば、これら
　　　の不安はもっともである。(p.519)

　この研究に協力した教師教育者は、自分たちはカリキュラムと時間の
制約を受けていると述べている。また、自律学習を促進する活動につい
て問われた際、誰も情緒面やメタ認知には言及しなかった。彼らが言及
した活動は、認知的な面において、学生に多くを要求しないものであっ
た。これに続くティレマとクレマー＝ヘイヨン、カバラグルとティレマ
の小規模な研究は、オランダ、イスラエル、トルコの教師教育者が、相
互に関連する2つのジレンマを経験していることを指摘している
(Tillema & Kremer-Hayon, 2002, 2005; Cabaroglu & Tillema, 2011)。つまり
(a) 理論と実践のジレンマと、(b) 教師主体の学習と学生主体の学習
のジレンマである。教師教育者の持つ文化的・背景的な違いが、自律学
習の実践の程度と方法に影響を与えていることがインタビュー結果から
わかる。
　アクティブ・ラーニングの促進に今後発展が望めることを示唆するも
のとして、「教師の教師」としての役割についての教師教育者の行動に
関するケーススタディがある（例えばDozier & Rutten, 2005を参照）。アン
ドリューは、前掲のグブウとヤンの研究結果を起点として多角的なケー
ススタディを実施し、数学を担当する教師教育者の観察とインタビュー
を行った（Andrew, 2007）。アンドリューが述べるように、インタビュー
からは、教師教育者が構成主義的と呼べる教育方法を実践したがってい
ることがわかる。しかし、彼らの実際の行動は、部分的にしか理想像と
一致しないことも明らかになった。ルーネンベルクとコルトハーヘン
も、オランダの教師教育者へのインタビューと観察によるアクティブ・

ラーニングの促進についての多角的なケーススタディをもとに、類似した結論を出している。彼らは、教師教育者たちが模範的な行動を自ら示すことをせず、そのことについて何も説明をしないことも観察した（Lunenberg & Korthagen, 2003, 2005）。

最後に、ホルト゠レイノルズは、ケーススタディの中で、教師教育者が注意しなければならない危険性を指摘している（Holt-Reynolds, 2000）。彼女によれば、教員志望者は構成主義を「学ぶこと」の理論ではなく「教えること」の理論と受け止め、その結果、手段が目的となってしまい、新たな学びを広げていく代わりにディスカッションをすることに終始してしまうという危険性があるのだ。ホルト゠レイノルズは次のように結論づけている。

> 児童生徒が活動を通して何を学ぶべきで、教師はその学びをいかに保障するのかという大切な問いに答えるためにも、我々は教員志望者の構成主義的な実践を行いたいというはやる気持ちを受け止めつつ、彼らの沈黙に耳を傾ける機会を意識的につくらねばならない。（p.30）

Ⅲ. 明確なモデリング

（4）モデリングの2つのレベル

すでに説明したように、先行研究の多くは、モデリングこそが教師教育のペダゴジーの典型的な特性であることを示している。ウッドとゲディスによるケーススタディは、これをテーマとした初期の研究の1つである（Wood & Geddis, 1999）。さらにロックランとベリーは、共同で行ったセルフスタディに基づき、モデリングを2つのレベルで説明した（Loughran & Berry, 2005）。第1のレベルは、教師教育者の模範行動に関するものである。つまり、教師教育の授業で、教師教育者は、教職課程の学生に求める行動を自ら実践する（「説くように教える」「有言実行する」）。第2のレベルでは、教師教育者はペダゴジーの選択の根拠を明瞭化し、その選択に伴う認知的判断、感情、見解、行動を説明する。ロックランとベリーは、教師教育者が思考を言葉に表す、行動記録をつける、教職課程の学生たちとの議論（個人またはグループで）の機会を教室の内外に

設けるなど、メタ学習を促進するための多様な方略を開発した（p.194）。このようにして教師教育者は自身のアプローチを明瞭化し、説明できるようになることが目指されている。

(5) 実践におけるモデリング

　先行研究をみる限り、教師教育者によるモデリングの実践は難題であるようだ。モデリングには、教師教育者が自身の役割を疑ってかかり、無防備に自身をさらけ出すことが要求される。ルーネンベルク、コルトハーヘン、スウェネンによるモデリングの実践の観察研究では、観察対象である教師教育者の10人中6人が、偶然的ではあるものの模範的な行動を明瞭化した（Lunenberg, Korthagen, & Swennen, 2007）。そのうちの4人は学生の行動とも関連づけた形で説明できたが、それについての理論的根拠に基づいた説明はなかった。また、これに続く3人の教師教育者を対象とした研究では、モデリングの促進のためにワークショップが用いられた（Swennen et al., 2008）。この研究は、3人の教師教育者が、彼ら自身の模範的行動を明確にし、正当性を証明するための効果的な専門用語や理論的知識を十分に持っていないことを示している。また、ウィレムスらが行った道徳教育における「教師の教師」の役割についての知識と実践に関する研究からも、教師教育者が実践において価値観というものに対するモデリングの実践方法を明確に表すための言語を見つけるのに苦心していることが明らかになっている（Willemse, 2006*; Willemse et al., 2008）。

(6) モデリングの情緒面への注意

　ウィレムスらの研究結果は、モデリングの際の情緒面を意識させるものである（Willemse et al., 2008）。学生はよく、心構え、共感性、理解、親しみやすさを教師教育者の模範的な役割の重要な側面として挙げる。キムとシャラートは、ある教師教育者がオンライン・コミュニケーションを利用して3人の学生と思いやりのある関係性を築くプロセスを詳述している（Kim & Schallert, 2011）。彼らは、思いやりのある関係性を築く際に媒介となる要素として、信頼が果たす役割の大切さを見出した。同時に、学生を思いやることに熱心な教師教育者は、自身の能力と限界に

対してもしっかりとふり返りを行っていることを指摘している。ヴェイグルの研究も類似した結果を出しており（Vagle, 2011）、教師教育の実践において自己を省みる必要性を述べている。特に思いやり、配慮、気遣い、思慮に富み、即興的に教育的な対応ができることなどを含んだペダゴジーを形づくる必要性があるという。これはつまり、教師教育者が自身の実践を慎重に省みて、それがいかに先入観と強い信念に突き動かされているかをリフレクションすることを意味する。また、これらの思いやりに富み即興的な教育の技量に支えられたペダゴジーは、広く社会的な意味において、問題となっている事柄に向けられるべきだと指摘している。こうしたペダゴジーがどのように教師教育における人間関係、ディスコース、システム、実践に埋め込まれているかに焦点を当てる必要があることも強調している。

　北米における多様性を扱ったいくつかの研究も、モデリングの情緒面を重視している。コクラン゠スミスのケーススタディは、教師教育カリキュラムの一環であった人種、格差、文化の考察に焦点を当てたコースにおける、白人の教師教育者としての自身の経験をふり返ったものである（Cochran-Smith, 2000）。この研究から2種類の葛藤が明らかになった。1つ目は、近隣にアフリカ系、ラテン系、アジア系移民の学校やコミュニティがあるにもかかわらず、教師教育を学ぶ学生は白人が多数を占めていたことである。2つ目は、このコースで用いられる多様性への認知的なアプローチと、このテーマに伴ってしばしば強く引き起こされる個人的感情や情緒との間に生じた葛藤である。

　ベア、ベア、マデル、ヒップ、ハキームのセルフスタディも、これら2種類の葛藤に言及している（Bair, Bair, Mader, Hipp, & Hakim, 2010）。彼らは、学生の専門性開発を支えるための条件として、教師教育者が自身の感覚や解釈をふり返ることの重要性を指摘している。このリフレクションは、個人的な特性（例えば、文化の違いに対する認識と、それを隠すか見せるかの選択など）と背景的な特性（例えば、カリキュラム、学生からのフィードバック、組織など）に影響されるという。また、モデリングの情緒面に対してより注意深くあるためには仲間との対話が重要であることも強調している。これは必ずしも容易なことではない。

我々は個人としてこのセルフスタディから多くを得たが、そのプロセスにおいて多くの問題に直面した。セルフスタディのためには、真摯であり正直でなければならなかった。自らをふり返る作業、特に感情面に関して自省する作業では非常に疲れた。不安な感情をそのまま表現することは危険でもあった。自分の感情と正面から向き合うことは困難であり、それを仲間と共有することはさらに困難であった。協働的な関係は自然にでき上がるものではない。それは育まれなければならず、そのためには時間を要する。特に異文化間においては、同じ事実に対していくつもの解釈が存在しうるため、この困難はより顕著となる。(p.108)

　ガルマン、ピカ゠スミス、ローゼンバーガー、及びアドラーによるセルフスタディも、これらの結論を裏づけている（Galman, Pica-Smith, & Rosenberger, 2010; Adler, 2011）。

Ⅳ．葛藤とジレンマへの対処
（7）葛藤状態
　教師教育者が自身のペダゴジーをつくり上げていく中で、2つの選択肢が対立する葛藤状態に直面することはすでに言及した。ベリーはこの問題に関して体系的な研究を行い、この葛藤には主に次の6つの種類があると述べている（Berry, 2007[*]）。

1.　伝達 vs 成長（教育について教員志望者に話したいという欲求と、彼らが自ら教育について学ぶ機会を与えることのバランスをどう見つけるか）
2.　自信 vs 不安（すでに確立されているアプローチをとるか、そこから離れて新しく不確実な教師教育のアプローチを模索するか）
3.　行動 vs 意図（教師教育者は教育における目標を定めるが、それを達成するために選択された行動によって目標が見失われてしまうおそれがあるという矛盾）
4.　安全 vs 挑戦（学生にとって安全な環境をつくることと、学びに必要とされる安全な環境を超えた体験を学生にさせること）
5.　経験の価値づけ vs 経験の再構築（教員志望者が教育について学ぶにあ

たり、私的な経験が重要であることを認識するよう手助けをすることと、教えることは単に経験を積むことではないと気づくよう手助けをすること）

6. 計画すること vs 応対すること（定められたカリキュラムを実行することと、実践の中で生じる学びの機会に応えること）

ベリーは、教師（志望者）に対する教育は予測不可能であり、完全に統制することができないため、適切なときに適切な対応をするには、相当な知識、経験、理解が必要であると強く主張している（Berry, 2009）。教師の教育は、具体的な状況における具体的な知識を必要とするのである（Koster et al., 2005）。上記の葛藤状態における正しいバランスを、何度も繰り返し見出していくことによって、教師教育者は「教師の教師」としての役割を果たすことになる。英語の教師教育者に関するゴルトとグレンによるケーススタディが示すように、これは容易なことではない（Gort & Glenn, 2010）。クランディニン、ダウニー、ヒューバーによれば、教師教育者は、教室内で起きていることと、教師が働く教室の外にある、日々移り変わる教育を取り巻く環境との葛藤関係について、そして、この移り変わる環境で今のところ有効となるものを教師が発見できるよう支援する場をつくることについて、深く考える必要がある（Clandinin, Downey, & Huber, 2009）。

そのほかに、教師教育者が経験する葛藤として、理論と実践の関係に関するものがある（Mueller, 2006; Korthagen & Kessels, 1999*）。先行研究ではほとんど言及されていないが、この葛藤は「教師の教師」の役割の遂行に寄与するものであり、潜在的に常に存在している。

重要な特性

これまでの議論をまとめると、教師教育者が担う「教師の教師」としての役割とその遂行に伴う行動は、次のような重要な特性を持つと言えるだろう。

1. 一段階上の教授

「教師の教師」は、児童生徒や学生ではなく教員志望者を教える。つまり、教師教育者は高等教育という文脈の中で成人と付き合っていか

なければならず、成人教育や成人の学びの促進についての知識を持っていなくてはならない。そのためには、経験的知識を昇華し、理論的な知識を実践に活用する能力が必要である。

2. アクティブで自律的な学習の促進
「教師の教師」は、学生の有意義でアクティブな自律学習を促進することができなくてはならない。先行研究では、教師教育者がこの点に対して肯定的である一方で、実際には実行できていないことが示されている。

3. 明確なモデリング
教師教育者は教師にとっての手本となるが、役割や持ち場は異なる。つまり、教師教育者は自らの行動のベースとなっているペダゴジーの基礎を明確に示さなくてはならない。加えて、教師の情緒面での成長をサポートするために、教師教育者は自身の感情を可視化し、ふり返ることができなければならない。この点について、先行研究は、教師教育者がこれを実行することがほとんどできていないことを明らかにしている。

4. 葛藤とジレンマへの対処
具体的な葛藤に対処する際は、教師教育者には十分な理論的知識と経験、そしてリフレクティブで思慮深い判断が要求される。葛藤の中でもバランスのよい立ち位置を適切な瞬間に見つけることによって、教師教育者は「教師の教師」としての役割を果たすのである。

4.2.2 | 専門性開発

すでに指摘してきたように、教師教育者は、そのキャリアの初めの数年間は教師時代に獲得した専門性に強く依存するが、やがてこの専門性だけでは「教師の教師」としての役割には不十分であることに気がつく (Van Velzen et al., 2010; Greensfeld & Elkad-Lehman, 2007; Noel, 2006)。
　リターのセルフスタディによれば、教師教育者になる教師は、教師教

育者に必要とされる資質にほとんど気づいていない（Ritter, 2007）。過去をふり返ってリターは、「私は、教師教育者になるために必要な技術、専門性、知識は自然と備わっているはずだという考えを完全に捨てた」（p.107）とまとめている。博士課程を修了した後で教師教育者になった場合、状況は時にさらに困難になる。彼らはしばしば自分の専門家としてのアイデンティティと闘わなくてはならない（Bullock & Ritter, 2011）。

　先行研究の中には、教師教育者になってからしばらくの間の、新しい環境に馴染む必要のある期間について取り扱ったものが多くある（Dawson & Bondy, 2003; Dinkelman et al., 2006; Gallagher et al., 2011; Harrison & MaKeon, 2008; MaKeon & Harrison, 2010; Murray & Male, 2005; Shagrir, 2010; Van Velzen et al., 2010）。その中には、教師教育者として学生の学習成果に失望した経験から生じた研究もある。例えばショイは、こうした経験から教師教育者がどのようにアクションリサーチ[7]の授業を改善することができるかを考察している（Choi, 2011）。

　以下に示す4つのカテゴリーに分類した8つの要素は、教師教育者が担う「教師の教師」としての役割の専門性開発の中でも特に重要なものである。

　Ⅰ．周辺環境
　Ⅱ．教師教育者としての個人的資質の形成
　Ⅲ．サポート
　Ⅳ．研究

Ⅰ．周辺環境
（1）準拠枠の活用可能性
　専門性開発のための専門職スタンダードのような、国の準拠枠のプラスの効果を強調する研究がある（Byrd et al., 2011; Greensfeld & Elkad-Lehman, 2007; Koster & Dengerink, 2008; Murray, 2008b; Shagrir, 2010; Snoek et al., 2011）。シャグラーは、これに加えて知識基盤の活用の重要性も指摘している（Shagrir, 2010）。これらの研究においては、全米教師教育者協会の米国スタンダードとオランダ教師教育者協会のオランダ専門職スタンダードが事例として挙げられている。マレー、コステルとデンヘリン

クによれば、専門職スタンダードは、足枷となるほど厳しすぎるもので
あってはならない（Murray, 2008a; Koster & Dengerink, 2008）。むしろ、教
師教育者という複雑な仕事への理解を促し、専門性の開発を支援する準
拠枠として機能するべきだろう。コステルらは、教師教育者がスタン
ダードに基づいた評価とそれに伴う専門性開発のプログラムに参加した
結果、知識や行動によい変化が生じたことを報告している（Koster et al.,
2008）。これらの教師教育者の3分の1は、こうした環境に身を置くこと
の正の効果を認めたという。さらに、このプログラムへの参加は、自己
評価、モラルの開発、仕事に対する熱意を向上させることが証明され
た。プログラムを終えた結果、これらの教師教育者は、自らの専門性開
発をよりうまく進めていくことができるようになったという。

Ⅱ．　教師教育者としての個人的資質の形成
（2）　個人的資質

シロバ、モイヤー、ウェブスター、マクアリスターによれば、新しい
発想を受容できる、学習意欲がある、人と知を共有することに喜びを感
じる、といった資質は、教師教育者の専門性開発に貢献する重要な要素
である（Silova, Moyer, Webster, & McAllister, 2010）。ドレントとメーリセン
も、技術開発への興味や学生中心の考え方を持つという個人的な資質が
関係することを強調している（Drent & Meelissenn, 2008）。

> 個人的資質として起業家精神を持っていることは、教育における
> ICTの積極的活用を促す鍵であることがわかった。この研究で「個
> 人起業家」と名づけられた教師教育者たちは、ICTの応用を試みる
> 機会をつくり、自らの教育にICTを活用できるかを調べ、その結
> 果を吟味し、同僚とアイデアを交換した（p.197）。

先にも触れたが、ショイは、学生の学習成果に失望して戸惑ったこと
が、貴重なセルフスタディを始める重要なインセンティブになったとい
う（Choi, 2011）。同様に、ディンケルマンらは、学生の肯定的な反応が
特に少なかった場面の経験が、専門家としての成長にとって重要な促進
剤になり得ることを強調している（Dinkelman et al., 2006）。さらに、バー

ドらは、第二言語の分野を専門とする教師教育者の研究において、教科教育への関心、学生に対する関心、異文化経験と異文化への関心を持つことが動機づけとして重要であると強く主張している（Byrd et al., 2011）。

（3）知識と経験のギャップ

ファン゠フェルズらは、経験の浅い教師教育者にとっての大きな課題は、授業準備、評価の仕方、適切な教育アプローチの活用、そして学生の動機づけであると報告している（Van Velzen et al., 2010）。彼らは体系立てて教えることと、学生が個人やグループで自ら学ぶように推奨することとのバランスを見つけることに苦心しており、この点に関して支援を求めている。

ディンケルマンらによれば、この根本的な「授業に対する不安」を乗り越えるにあたって、経験の浅い教師教育者にとっておそらく最も重要なニーズは、時間の質を上げ、性質を変え、使い方を身につけることである（Dinkelman et al., 2006）。また、コクラン゠スミス（Cochran-Smith, 2003）に続き、何人かの研究者（Greensfeld & Elkad-Lehman, 2007; Silova et al., 2010）は、「探究し続ける姿勢」の促進が重要であると考えている。これは、教師教育者が疑問を提示し、経験により裏づけられたデータを使いこなすことで教育実践を改善し、深めていくことを意味している。シャウボウ（Chauvot, 2009）、バードら（Byrd et al., 2011）、グリーンズフェルドとエルカド゠リーマン（Greensfeld & Elkad-Lehman, 2007）は、経験と学生との交流が、教師教育者が知識と経験のギャップを理解し、成長していくための重要な資源であると述べている。

Ⅲ．サポート

一般に、教師教育者の学びは非公式なオン・ザ・ジョブの学びである（Van Velzen et al., 2010）。つまり、彼らの学びが体系的な形で構成されていることはほとんどなく、学習の質は現場における学習機会によって左右されるということである。以下の観点は、このことに関連するものである。

（4）メンターによるコーチング

　経験の浅い教師教育者に対するメンター（ベテランの同僚であることが多い）によるコーチングを中心テーマとした研究もいくつかある。メイヤーらは、経験の浅い教師教育者が大学の文化や学問の役割を理解し、研究と大学で担当する教育活動とのバランスを見つけるにあたって、メンターという重要な存在による手助けが決定的な役割を果たすことを強調している（Mayer et al., 2011）。マレーによれば、イギリスでは教師教育機関の3分の1のみが新任の教師教育者に対してしっかりとした導入期間の制度を用意しているにすぎないという（Murray, 2008a）。また、メンターの役割は時に学科長や管理職が担うため、査定や仮採用の評価とメンタリング（より経験のある教師教育者からの指導）やコーチングが一緒にされてしまう危険性があるという。加えて、

> オン・ザ・ジョブ形式の学びが、単に教師教育の「ローカルな」、すなわちそこでしか通用しないような知識を獲得するだけのものにならないよう注意を払う必要がある。（中略）導入期間の制度（中略）には、大学における専門領域としての教師教育の幅広い学術的な議論や実践を反映させる必要がある。

　ハリソンとマッキエンの研究によると、彼らがインタビュー対象としたすべての教師教育者はメンターについた経験があったが、メンタリングは偶発的に行われ、事前の計画も終了後の報告もなかったという（Harrison & McKeon, 2008, 2010）。教師教育者は、メンターに期待するものについて何ら明確なビジョンを持っていなかった。

　これでは、多くの経験の浅い教師教育者はただ時折メンタリングらしきものを受けているにすぎないと結論づけざるを得ない。それゆえ、彼らの専門性の開発は個人的、偶発的、自然発生的、無意識的であることが多く（Smith, 2003）、試行錯誤の繰り返しである（Harrison & McKeon, 2008）。「教師の教師」としての最初期に、必要に迫られて過去の教師としての経験に頼らざるを得ないことは明らかである（Dinkelman et al., 2006）。

（5）仲間からの学びと仲間との学び

　多くの教師教育者は、学科やチームという小さな組織における日々の実践の中で、同僚から学ぶものであるという（Murray, 2008a; Harrison & McKeon, 2008, 2010; Van Velzen et al., 2010）。シャック、アバソン、ブキャナンはオーストラリアで行われた研究において、同僚の授業を参観し、それに関して議論を行うことが専門性の開発に対してどのような価値を持ち、どう貢献するかについて検討した（Schuck, Aubusson, & Buchanan, 2008）。その結果、重要な条件として挙げられたのは、参加者間の仕事上の、かつ個人的な強い関係性であり、それらはリスクに挑戦する意志、それぞれの授業の専門性の尊重、教えと学びについて協働的にふり返る能力に基づいて結ばれていた。アメリカで研究を行ったドウソンとボンディも、同様の経験を報告している（Dawson & Bondy, 2003）。また、シロバらは、経験の浅い教師教育者とベテランの教師教育者が協働的な学びを目的としたネットワークに参加したラトヴィアのプロジェクトについて報告している（Silova et al., 2010）。優れた成果のための鍵となる要因は、「探究し続ける姿勢」に基づく共通のアプローチであった。ほかにも、ウィリアムズとパワーは、同業者という関係性の中で専門職としてのアイデンティティを模索するにあたって、いかに「コアリフレクション[8]」が助けとなるかについて述べている（Williams & Power, 2010）。また、シャウボウは、大学の学科や学会における委員会やコロキアでの仲間との相互交流の重要性を強調している（Chauvot, 2009）。

（6）学習者コミュニティへの参加

　学習者コミュニティへの参加は、教師教育者の専門性開発につながるという（Le Cornu & Ewing, 2008）。ハダルとブロディは、専門性開発のコミュニティに属する8人の教師教育者を対象とした研究をもとに、そのようなコミュニティが与える影響を理解するための階層モデルを開発した（Hadar & Brody, 2010）。第1層は「孤立の打破」と呼ばれ、面識を持つこと、共有されたトピックがあること、学際的な対話をすること、そして安全な環境であることに焦点を当てている。第2層は「教え方の改善」と呼ばれ、技術の習得、教室での実践、文書化、共同でのリフレクションを含む層である。「専門性開発」と呼ばれる第3層は、専門性を

開発するコミュニティが発展するにしたがって現れる。コミュニティが、教師としての考え方、達成感、自己効力感を育む性質を持つようになると、この層は成立する。これは、自身のペダゴジーとは異なるようなより幅広い教育アプローチの受け入れにつながる。ドレイパーの研究では、専門性を開発するコミュニティへの参加によって、「教師教育」から「教師教育者教育」への焦点の移行も引き起こされている（Draper, 2008）。

　グリーンズフェルドとエルカド゠リーマンの研究は、特に新たな知識を探究し、創造し、表現することを目的とした学習者のコミュニティが、思考を変えるプロセスに貢献することを述べている（Greensfeld & Elkad-Lehman, 2007）。彼らは、教育研究の実施を目指して学校と協働すること、そして同僚と信頼関係を築くことの大切さをはっきりと指摘している。ポイヤスとスミスも、教育学を扱うコースをより高度なレベルへと高めることを目指して「実践コミュニティ」という概念に基づいた一連のミーティングに参加した教師教育者の経験に関する研究において、これに類似した結果を報告した（Poyas & Smith, 2007）。ギャラガーらによる研究でも、セルフスタディ実践のコミュニティにおける真摯な会話によって、互いに共感しあえるより多くの機会が生まれることが示されている（Gallagher et al., 2011）。これらの会話はすべてのメンバーの専門性開発を促進する助けとなったという。

（7）コースの受講
　マレーの研究では、経験の浅い教師教育者35人のうち8人のみが、高等教育機関における大学院教授資格取得プログラムに参加していたという（Murray, 2008a）。その他の教師教育者はそのコースの受講を免除されたようだが、免除される者はすでに学校教師として働きながら同等の（教師教育者の）資格を取得している場合が多い。このことは、経験の浅い教師教育者をキャリアの最初期に数回インタビューしたハリソンとマッキエンの研究によっても確認されている（Harrison & McKeon, 2008, 2010）。この資格取得プログラムを受けた教師教育者は、プログラムは限定的にしか有効でないと報告している。なぜなら、これまでにも彼ら

は教師として豊富な教育経験を積んでいるからである。このプログラム
は主に教育方法に焦点を置いており、高等教育における研究文化を身に
つけたり、教育と研究を結びつけたりすることには焦点を置いていな
い。しかし、後者のテーマこそが、初等中等教育の世界から高等教育の
世界に移行した教師教育者にとって大きな課題なのである。

　ルーネンベルクは、ベテランの教師教育者のグループに、特に大学
ベース、あるいは学校ベースの教師教育者のための2年間のカリキュラ
ムを設計してもらうという研究を行っている（Lunenberg, 2002）。カリ
キュラムにおいて獲得されるべきコンピテンシーは、主にオランダの教
師教育者のための専門職スタンダードと、文献研究や10人の教師教育
者のケーススタディを参照して作成された。これらのケーススタディ
は、教師教育者たちが優れたロールモデルとして行動したことを示した
事例を扱っているが、そのうちの誰も、自身の指導や教育に関する選択
を体系立てて説明してはいなかった。

　この研究ではカリキュラムの実際や結果については報告されていない
が、シャグラーによる研究がそれを行っている（Shagrir, 2010）。シャグ
ラーは、イスラエルのMOFET（モフェット）研究所によって提供された
経験の浅い教師教育者のためのプログラムの中のどの要素が、教師教育
者の専門性開発に最も貢献したかを研究した。週に1回、計112時間に
わたる1年間のプログラムの受講者は、大学ベース、専門学校ベースの
講師と、学校ベースの指導教諭である。集められたデータは、最も重要
な要素を反映していた。つまり、実践を伴う交流、仲間によるサポート
グループ、年間を通して参加者を指導する専門コーチの配置、そして、
専門職としての成長と基盤づくりに向かって同僚とともに取り組む機会
である。これにより、全米教師教育者協会のスタンダードは有効な準拠
枠であることが証明された。さらに、異なる大学や学校から集まった教
師教育者の協同学習に大きな利点があることも証明された。教師教育者
たちは教育や学習の新しいモデルや枠組みを発見し、対人的な行動スキ
ルを向上させたのである。プログラムの利点や結果については、3つの
主な領域が明らかになった。専門職としての自己の確立、専門職コミュ
ニティへの参加、そして教師教育者としての専門スキルの向上である。

　コズニックらの研究は、カナダの先進的な事例がどう設計され形に

なっていったのかをテーマとしたもので、教師教育者を志す博士課程の学生グループを対象に行われた（Kosnik et al., 2011）。12人の博士課程の学生のほとんどが教授経験を持っていた。彼らのコミュニティはBTE（Becoming Teacher Educators, 教師教育者になろう）と呼ばれ、3年間にわたり自主的なミーティングを行った。活動は、学術的なテーマの議論、教師教育者の観察とインタビュー、ゲストスピーカーの講義と議論、教育機関のウェブサイトのレビュー、BTEメンバーの研究のプレゼンテーション、彼らの教授経験の検討などである。この研究によれば、BTEのメンバーは、優れた教師教育者になるための技術を身につけていったという。専門家として、及び学術研究者としての彼らのアイデンティティもまた、このプロジェクトによる影響を強く受けた。

IV. 研究

(8) 自身の実践を研究対象とすること

　ディンケルマン（Dinkelman, 2003）、ギャラガーら（Gallagher et al., 2011）、フルセ、デ゠ヒア、コルトハーヘン、ルーネンベルク、シュワルツ（Geursen, De Heer, Korthagen, Lunenberg, & Zwart, 2010）、ロックランとベリー（Loughran & Berry, 2005）、シャックら（Schuck et al., 2008）、ウッドとゲディス（Wood & Geddis, 1999）、ザイクナー（Zeichner, 2007）などの多くの研究者は、セルフスタディこそが、教師教育者が「教師の教師」として自分の実践を体系的に、かつ根拠に根差した方法でふり返るための優れた方法であると指摘している。ザイクナーとリストンは「セルフスタディはリフレクションのプロセスに焦点を当て、日々の実践だけからでは生まれ得ない実践に関する知識を引き出す」（p.9）と述べている（Zeichner & Liston, 1996）。

　シュタイマン、ジドロン、アイロン、カッヅは、ベテランの教師教育者の専門性開発について明快にまとめた類いまれな研究において、自身の実践について研究しそれを文章化することは、実践の改善だけではなく「省察的実践家」としての成長ももたらすと指摘している（Shteiman, Gidron, Eilon, & Katz, 2010）。研究においては、18人のベテランのイスラエル人教師教育者へのインタビューに基づき、すべての調査対象者が「文章化することによって、自身の理論的・実践的知識が執筆のプロセスに

おいて獲得されていく新しい学びへと統合される」(pp.352-353) と実感したことが見出された。教師教育者らは、その作業を協働的に行うことで自身の学びがより生産的なものになると評価している。また、こうした作業により、学術的なコミュニティにおける教師教育者の位置づけが強化されるという。このように、専門性の開発に取り組む「教師の教師」は、「研究者」の役割も果たす。この役割については4.3節において詳述する。

重要な特性

これまでの議論から、教師教育者が担う「教師の教師」という役割とそれに伴う行動の専門性開発を促す重要な特性として、次の点を引き出すことができるだろう。

1. 周辺環境
専門職スタンダードや知識基盤などの準拠枠を活用することは、「教師の教師」としての教師教育者の専門性の開発を導き、自信を育むうえで重要である。

2. 教師教育者としての個人的資質の形成
学習意欲、教科教育や学生への興味関心など、教師教育者としての個人的資質は重要である。さらに、従来からの知識と経験との接続（やギャップ）への気づきは専門性の開発を促進する。

3. サポート
仲間からの学び、仲間との学び、ピア・コーチング[9]やセミナー、カンファレンスにおける学び、専門職の学習者コミュニティにおける学びは、いずれも「教師の教師」という役割における専門性の開発をサポートする。しかし、先行研究からは、経験の浅い教師教育者にメンターをつけることは行われていても、メンタリングと言える活動は限定されていることがわかった。教師教育者に対するプログラムは、この専門職に対する特別なものとして設計されなくてはならないが、そのようなプログラムに関する研究はまだ限られている。

4. 研究

自身の実践を研究対象とすること（セルフスタディ）は、「教師の教師」としての役割と行動における専門性開発にとって生産的な結果をもたらす。

4.3 ｜ 研究者

収集した先行研究に基づく筆者らの結論は、次の通りである。すなわち、教師教育者は研究を行うべきだという考え方は、大学などの高等教育機関だけでなく、いわゆる「新大学（new universities）」と近年呼ばれているポリテクニック[10]や専門学校［オランダでは、学術学位を取得できるいわゆる研究大学としてのWO（Wetenschappelijk Onderwijs）だけでなく、2003年以降、高等職業教育機関としてのHBO（Hoger beroepsonderwijs）においても準学士や学士、場合によっては修士の学位を取得できるようになり、「大学化」してきていると言える］にまで浸透している。この傾向は、西洋諸国に限ってみられるわけではなく（Gemmell et al., 2010; Jaruszewicz & Landrus, 2005; Murray et al., 2011）、サウジアラビア（Borg & Alshumaimeri, 2012*）、南アフリカ（Chetty & Lubben, 2010）などの国々においても確認できる。しかし、実践の現場に目をやると、状況はかなり複雑であることがわかる。以下で詳しくみていくことにしよう。

教師教育者が担う「研究者」としての役割と行動における重要な特性についての議論は、先述の方法で収集した26本の論文に基づく。

4.3.1 ｜ 役割と行動

先行研究を整理すると、教師教育者が担う「研究者」としての役割と行動において重要だと思われる8つの要素が見つかった。これらは、次の3つのカテゴリーに分類できる。

Ⅰ.「研究者」の役割を自覚する
Ⅱ.「研究者」の役割を実践する
Ⅲ. 研究の焦点

I.　「研究者」の役割を自覚する

（1）「研究者」の役割を自覚する

　優れた教師教育者が持つ特性の1つに「研究者」としての役割がある
という見方は、すべての教師教育者に支持されているわけではない。ス
ミスの研究によれば、質問紙に回答した18人の教師教育者のうち、「優
れた教師教育者は研究に取り組んでいる」と答えた者は半数しかいな
かった（Smith, 2005）。また、同研究に登場する40人の教師のうち、「研
究に取り組んでいることが優れた教師教育者の特性である」と述べた者
は1人もいない。この結果はウォルド、ヤング、リスコの研究とも一致
する（Wold, Young, & Risko, 2011）。ウォルドらは、61人の教師に質問紙を
送付したが、「自分たちの教師としての質は、指導にあたってくれた教
師教育者が研究をしているかどうかによって異なる」と回答したのは、
わずか6%にすぎなかった。

　マレーらは、イングランドにいる20人の教師教育者にインタビュー
調査を実施し、研究をすることは教師教育者の仕事の1つであるかどう
かという問いに対する多様な見方を浮き彫りにしている（Murray et al.,
2011）。

（2）「教師の教師」の役割との摩擦

　上記のマレーらの研究が示した事実は、教師教育者が研究を手がける
ことを高等教育機関がより重視するようになり、結果として教師教育者
が担う「研究者」としての役割が強調されつつある近年の動向とは対照
的である。教師教育者は、時にこの対照性に戸惑う。「研究者」として
の役割に焦点が当てられると、「教師の教師」としての自らの役割の重
要性がなし崩しにされてしまうように感じるからだ（Mayer et al., 2011;
Jaruszewicz & Landrus, 2005）。というのも、教師教育者は「教師の教師」
という役割を自身のアイデンティティとしていることが多い。このこと
は、グリフィス、トンプソン、フルニーヴィッチによる研究が明らかに
している（Griffiths, Thompson, & Hryniewicz, 2010）。6人の教師教育者と、
それぞれの研究指導を行っている6人の大学教員にインタビュー調査を
実施したところ、教師教育者らは、自分たちは第一に「教師の教師」で
あると捉えており、逆に「自分は『教師の教師』であるだけでなく、

『研究者』でもある」というようには理解しづらいと考えていることがわかったのである。この結果は、教師教育者らによるセルフスタディの事例を集めたゲメルらの研究（Gemmell et al., 2010）とも一致する。

(3)「研究者」の役割が持つ意味

マレーらの研究において「研究も自分の仕事である」と捉えていた教師教育者らは、その意味についてそれぞれ異なる見解を示している（Murray et al., 2011）。まず、「研究とは文献を読んでリフレクションをすることである」と捉える者がいる。こうした教師教育者が持つ研究の概念は、〈学術性〉という考え方に近いものと考えられる。一方で、自身について研究し、発表することを研究と捉えている者もいる（Atkinson, 2001*と Boyer, 1990* を比較してみることをお勧めする）。さらに、チェッティとルベンが教師教育者20人に対して実施したインタビュー調査では、「研究者」としての役割に関する多様な解釈が浮き彫りになった（Chetty & Lubben, 2010）。例えば、「学生が実施する研究をコーチする役割」などが語られている。ヒューストン、ロス、ロビンソン、マルコムは、こうした異なる見方を出発点にして、「研究者」としての役割をいかにして発揮していきたいかという問いに焦点を当て、共同でセルフスタディを実施している（Houston, Ross, Robinson, & Malcolm, 2010）。

Ⅱ. 「研究者」の役割を実践する

(4) 時間、情報、サポートの不足

ヤルセヴィッチとランドラスの研究では、57 人の教師教育者が、「研究者としての自身の役割をどのように実践しているか」ということに焦点を当てた問いからなる質問紙に回答した（Jaruszewicz & Landrus, 2005）。結果として、教師教育者が直面する実践上の課題が浮き彫りになった。教師教育者にとっての重大な障害は「時間と情報の不足」だが、「研究を支援してくれる研究指導者や研究支援員によるサポートの不足」も重要な課題であることがわかった。マレーとメイル（Murray & Male, 2005）、ボルグとアルシュメメリ（Borg & Alshumaimeri, 2012*）、ゲメルら（Gemmell et al., 2010）は、そろって「時間」の問題を強調している。グリフィスらも、「時間」「情報」そして「サポート」が不足していること

が、「研究者」としての役割の発揮を制限してしまう重大な要因であると記している（Griffiths et al., 2010）。

　　教師教育者に聞いても、彼らの研究指導者に聞いても、研究の最大の障害となるものは「時間」、より厳密に言えば「時間不足」であるという回答が必ず返ってきた。ある教師教育者は、それが「とてつもなく大きな問題」であると語っている。教師教育者は、教育関連の予定が過密に詰まっていることが多く、研究に充てられる時間はほとんど残らない。（中略）その教師教育者は、理論上［制度上］は、少なくとも1週間に半日の研究時間を有していたが、実際には、この研究時間は消えてなくなりがちだ。教育の負担そのものも非常に大きいが、それだけではなく、教師教育のプログラムが、大学の学事暦ではなく、初等中等学校の年間スケジュールに沿って展開されることが多いという理由からも、さらに研究時間は少なくなりがちなのである。そのうえ、政府機関からの定期的な機関評価や視察が入ることで、さらなるプレッシャーがかかることになる。（p.253）

（5）心理的葛藤
　「時間」の問題に関連して、グリフィスらは、「心理的葛藤」も少なからず影響を及ぼしていることを論じている（Griffiths et al., 2010）。多くの教師教育者は、教育や組織運営上の業務によって業務量過多になっており、研究のために割ける時間はほとんど残らない。しかし、一方で、教師としてのバックグラウンドがあるがゆえに、教師教育者自身が、研究をすることよりも学生とのやりとりを優先させがちであるという事実もある。

　　加えて、教師教育者は、自分の仕事の中心にあり、最重要項目とされるべきは「教育」だと考えており、だからこそ教育に関する業務を、とりわけ教職を目指す学生のニーズに応えることを優先しようとしていた。（p.253）

(6) 研究文化の欠落

上記の現状は、一般的に教師教育を行う機関には研究文化が欠落している、という事実に関連していると述べる論者も少なくない（Gemmell et al., 2010; Griffiths et al., 2010; Houston et al., 2010）。この研究文化の欠如によって、教師教育者は自分の「研究者」としての役割をイメージしづらくなっているのではないかと考えられている。

Ⅲ. 研究の焦点

(7) 伝統的に研究されてきたこと

教師教育者が研究者として注目してきた主な研究テーマは、次の3つである。(1)（学校の）教科教育 (2) 児童生徒、及び教師 (3) 教師教育者自身の教育実践。サウジアラビアの著名な大学に勤務する教師教育者82人を対象とした調査研究をもとに、ボルグとアルシュメメリは、教師教育者は自分の専門領域（学術的ディシプリン）、または初等中等教育を研究対象とすることが伝統的なやり方だと感じていると結論づけている（Borg & Alshumaimeri, 2012*）。このことに関連して、「研究者」とは、客観的に物事を見るいわば「よそ者」で、主に数量的なデータを集める者であると捉えており、「教師の教師」としての役割と「研究者」としての役割は全く別の世界を象徴しているという考え方もある（Griffiths et al., 2010）。

(8) 自身の実践を研究する

ここ15年間ほどで急激に拡大したセルフスタディの動きからも明らかなように、近年、教師教育者が自身の教師教育実践を研究対象とすることが増えている。自身の実践の研究は、研究内容の意義（専門職コミュニティによる知識の拡大）はもちろん、実際的な利点も伴うため、いわば「2度美味しい」類のものであると言える（Jaruszewicz & Landrus, 2005）。つまり、データを収集しやすく、研究成果が学術的な知見として蓄積されるだけでなく、自身の実践をよりよくすることに貢献し得るのである。コクラン゠スミスは、このような研究は、教師教育に関する知識の拡大や深化に貢献し得るものであり、より大きな注目に価すると主張する（Cochran-Smith, 2005）。ただし、その一方で、そうした立場はまだ学

術的には確立されたものではなく、議論の的にもなっている（Griffiths et al., 2010 も参照）。自身の実践を研究することに対する最も大きな批判の1つは、質的になされることが多いこの種の研究において、研究としての質と一般化の可能性を担保できるのか、というものである（Lunenberg et al., 2007）。また、もう一方で、個々の研究がバラバラに行われており、一貫性を持たせるための研究計画が欠如している、という指摘もある（Zeichner, 2007）。

重要な特性

　以上の議論を整理すると、教師教育者が担う「研究者」としての役割と、その遂行に伴う行動には、次の3つの重要な特性があることがわかった。

　1.　「研究者」の役割を自覚する
「研究者」としての役割をうまく発揮するためには、教師教育者自身がこの役割の重要性を理解している必要がある。しかし、そのような理解は一般的になされているものではない。教師教育者は、「教師の教師」としての役割を優先させがちである。さらに言うならば、「研究者である」ということがどのようなことを意味するのかについて、より明確な説明や理解が必要である。なぜなら、「研究者」としての役割が自身の専門性に含まれると理解している教師教育者の間でも、この役割についての解釈は人によって異なるからである。

　2.　「研究者」の役割を実践する
「時間」や「情報」などの実際的な問題や、適切なサポートの供給の問題を見過ごしてはならない。さらに、教師教育者自身が「研究者」としての役割を今までよりも重視するようになるべきである。このことは、教師教育機関の中に研究文化をつくり上げていくことで促進され得る。

　3.　研究の焦点
一般的に、主に3つの研究テーマがある。教科教育、初等中等教育、

そして教師教育者自身の実践である。このようにテーマが多様であるために、研究の目的や方法、そして質の保証をめぐる議論が絶えない。とりわけ、自身の実践について研究（セルフスタディ）しようとするとき、この議論は激化する。セルフスタディのためのガイドラインが整備されれば、それらが研究として認められやすくもなり、事態は改善するだろう。

4.3.2 │ 専門性開発

教師教育者に関する先行研究で挙げられている問題の多くは、教師教育者の「研究者」としての専門性開発の必要性を示している。問題としてはまず、教師教育者は研究をするべきであるという考え方が高等教育機関に浸透してきた一方で、「研究者」という役割を担うことに対して教師教育者自身が葛藤を抱いていることがある。例えば、「研究者」の役割を果たすうえで教師教育者自身が直面する実際的な問題は解消されておらず、教師教育者としてなすべき研究とはどのようなものかに関する明瞭な指針も示されていない。ここからは、教師教育者の「研究者」としての専門性開発に焦点を当てた研究について整理する。

先行研究から、教師教育者の「研究者」としての役割とそれに伴う行動に関わる専門性の開発については、15の要素があることが判明した。これらを3つのカテゴリーに分けて説明する。

Ⅰ．周辺環境
Ⅱ．教師教育者－研究者としての自身の属性
Ⅲ．研究者としてのキャリアを始め、歩み続けるためのインセンティブ

これらの3つのカテゴリーは、各々が完全に独立しているのではなく、15の要素の多くは複数のカテゴリーにまたがっている。

Ⅰ．　周辺環境
（1）研究文化の創造

「研究者」としての役割に関する専門性開発においては、職場において研究文化をつくり上げることが重要である。すなわち、発表やディス

カッションを通じて、教師教育者の研究に関する経験や姿勢がしっかりと注目されるような環境が大事である（Houston et al., 2010）。サウジアラビアにおける研究をもとに、ボルグとアルシュメメリもこの要素を重要視している（Borg & Alshumaimeri, 2012*）。

> 総じて回答者は、自分たちが働いている環境は研究活動に少ししか貢献していないと感じていた。とりわけ、所属機関から寄せられている期待と、研究活動に対して受けられるサポートとの間にずれを感じている回答者が多いことがわかった。(p.354)

(2) 組織における期待と規定の明示化

　教師教育機関は、組織として抱く期待や定めている規定を明示化しないことが多すぎる。そうした期待や規定は、すでに研究経験を積んできた者からすると自明であるかもしれないが、研究を新たに始める教師にとっては、自明とは言い難い。だからこそ、教師教育者が行う研究活動に関する期待や規定を組織が明示化することは、非常に重要である（Borg & Alshumaimeri, 2012*）。グリフィスら（Griffiths et al., 2010）が記す通り、教師教育機関においては、研究を「アジェンダに載せておく」べきだろう。

(3) 明瞭な情報の提供

　グリフィスらの研究などからわかることは、研究をするための施設や設備について明瞭な情報を提供することの重要性である（Griffiths et al., 2010）。例えば、学術ジャーナルへのアクセスの仕方、研究のための長期休暇の取得の可否、昇進の条件などである。

(4) サポート体制

　教師教育者が研究計画を立て、それを実施するには、サポートが必要である（Borg & Alshumaimeri, 2012*; Geursen et al., 2010）。特に、信頼関係が構築された中でフィードバックやアドバイスが提供されるような、対個人のコーチングが頻繁に行われることが望ましい（Griffiths et al., 2010）。

教師教育者の研究活動をサポートする新たな取り組みが展開されていることも、明らかになっている。例えばルーネンベルク、シュワルツ、コルトハーヘンは、教師教育者のグループによるセルフスタディの実施を促した（Lunenberg, Zwart, & Korthagen, 2010）。セルフスタディは、自身の専門性の発達だけでなく、教師教育者のコミュニティで共有される知識基盤の構築にも貢献する。この研究からわかるのは、こうしたサポートは大いに必要とされており、教師教育者がセルフスタディを始めるための最初の一歩を踏み出す段階で直面する困難を克服するのに有効であるということである。直面する困難の1つとして、「初心に帰ること」が挙げられる。

　　セルフスタディを始める教師教育者は、たいていの場合、ベテラン
　　教師である。同時に、研究に関して言えば、初心者である。だから
　　こそ、セルフスタディを始めるベテラン教師の教師教育者は、自分
　　自身をさらけ出す勇気を持っていると言える。(p.1285)

　ルーネンベルク、シュワルツ、コルトハーヘンが説明したアプローチは、ギャラガーらが行った研究（Gallagher et al., 2011）の結果とも一致している。ギャラガーらは、任期付き採用の教師教育者を対象に、セルフスタディを行うグループをつくることで専門性を開発しようというアプローチを紹介している。ここでつくられたグループは、結果としてギャラガーらが「学者コミュニティ」と呼ぶものに成長した（p.884）。グループの参加者は、今後の昇進や終身雇用に向けて「皆同じ船に乗っている」（p.885）という事実に刺激され、成長のプロセスをたどったという。ギャラガーらの研究は、教師教育者は協働することにより教育実践と学術研究をつなげるコミュニティを形成することができるという証拠を示したと言える。ここでつくられたコミュニティが持つ大きな特性は、個人の悩みや複数の人が共有する不安について、実直な会話がなされた点にあった。こうした会話を通して信頼関係が築かれることによって、ルーネンベルクらも重要であると指摘している「互いに弱さをさらけ出し合う関係」（Lunenberg et al., 2010）が実現されている。また、ファシリテーターの助けを簡単に借りられるという環境も重要であった

（Lunenberg et al., 2010, p.1282,「隣人という感覚」について）。

（5）補完的なサポートや資源を見きわめて提供すること

　教師教育者が研究活動を行ううえで必要な、補完的なサポートや資源を見きわめることも重要である。この種のサポートには様々な形があり得る。例えば、物理的・経済的な資源の提供や、何らかのプログラムの設置、公式な認定や非公式な承認などが挙げられる（Borg & Alshumaimeri, 2012*）。さらに、相談できる専門家を近くに置くこともひとつのやり方である（Lunenberg et al., 2010）。カッヅとコールマンは、ファシリテーターが統計分析の方法を教えることの重要性を指摘している（Katz & Coleman, 2005）。また、何らかのプログラムの設置や、研究の方法論に関する研修は、教師教育者にとって大切なサポートになり得る。ハリソンとマッキエンが3人の教師教育者を対象に行った研究によれば、そうしたプログラムや研修を提供することで、研究を始めたばかりの教師教育者の間に信頼関係が築かれるという（Harrison & McKeon, 2010）。リン、ワン、スポールディング、クレッカ、オデルの研究も、同様の提案を行っている（Lin, Wang, Spalding, Klecka, & Odell, 2011）。ここで非常に重要となってくるのが、ベテランの研究者の関与である。ベテランの研究者は、個々の教師教育者の問題関心に沿って研究の方法論に関する助言を与え、必要な研究設備や機器を提案することができる（Lunenberg et al., 2010）。

（6）計画と時間の確保

　先述の通り、教師教育者は常に時間がないというプレッシャーを感じているため（Borg & Alshumaimeri, 2012*）、研究のための計画を立て、時間を確保することは有用である。

　　就任以降、教師教育者の多くは、研究に「専念する」時間を予定表に書くべきだと考えている。そうすることで、研究時間を確保しやすくなり、そもそも研究時間を持つことが「認可される」という。ある（いわゆる新しい大学に勤務する）教師教育者は、既存の学術研究日に加えて、組織全体の研究日の設置を提案している。「これは研

究を進めるための時間です。研究をした証拠が見当たりませんね、とならないようにしてください」。(Griffiths et al., 2010, p.258)

(7) ロールモデル

　グリフィスらは、ロールモデルの存在の重要性を指摘している (Griffiths et al., 2010)。ベテランの研究者から指導を受ける中でその研究者がロールモデルとして機能すれば、あるいは、他の研究者と協働する中でロールモデルを見つけることができれば、教師教育者は研究を実施するうえで必要な知識、スキル、そして姿勢を養うことができる。このことに関連して、リンらは徒弟制モデルを推奨している (Lin et al., 2011)。徒弟制モデルにおいては、実践に関わる業務が研究時間にまで押し寄せてくるというプレッシャーに対し、ベテランの教師教育者−研究者はどのように対応するか、といったことを見せて伝えることができる。ハリソンとマッキエンは、「リスクの小さい」研究活動から始めることも、研究を始めたばかりの教師教育者が研究文化に徐々に馴染んでいくのに有効ではないかと論じている。

(8) 協働的な体制

　研究を実施する教師教育者同士の協働を促すことも有効である。例えば、研究に関して情報交換をし、互いに学び合う機会をつくることも一案である (Gemmell et al., 2010; Houston et al., 2010; Kitchen & Stevens, 2008; Lunenberg et al., 2010)。グリフィスらは、「ピア・サポート [11]」が重要であると記している (Griffiths et al., 2010)。マクギーとローレンスは、協働の機会が安心感につながると論じている (McGee & Lawrence, 2009)。フルセらは、共同研究を行うことで「専門職同士ならではの親密さ」が促され、自身の実践をより深く分析することにつながると述べている (Geursen et al., 2010; Fitzgerald et al., 2002* も参照)。マクギーとローレンスは、研究における協働は、自らの実践に結びついたリサーチ・クエスチョンを全員で共有することができた場合、より生産性が高まることを指摘している (McGee & Lawrence, 2009)。

（9）組織的なリフレクションと見直し

　研究に関する考え方について組織全体でリフレクションを行うこと、そして、できることなら従来の考え方を見直す作業を行うことは重要である。上述の通り、まさにこの点で教師教育者は課題に直面しているからである。

　　　教師教育者が所属する機関による「学術性」の定義と研究努力の評価は、教師教育者が実際に従事する業務の内容とは必ずしも一致していない。(Jaruszewicz & Landrus, 2005, p.110)

　ルーネンベルクとウィレムスによれば、教師教育者は、個別具体的な場面に着目し、個人の経験を重視するような研究を「生産的である」とみなしている（Lunenberg & Willemse, 2006）。
　デイが指摘しているように、教師教育者の専門職コミュニティ全体がある種の「見直し」を必要としているのかもしれない（Day, 1995*）。デイによるこの指摘は、次のようなコクラン゠スミスの批判的な指摘とも合致している（Cochran-Smith, 2005）。

　　　教師教育者が、自身の実践、知識や考え方、教師を目指す学生の学びなどについて行う研究の価値については、今のところ相対立する主張や見解がある。（中略）一方で、これまでの歴史において、今ほど教師教育者自身の手で教師教育についての研究がなされた時代はなく、この種の研究は広がりをみせている。この傾向は、教師教育者の役割の再概念化と、教師教育者が持つべき知識やスキルに関する見直しが行われてきたことの反映であろう。ただし、もう一方で、教師教育研究の中でも大きな影響力を持つ学会などでは、実務家が自身の仕事について実施する研究は認められず、無視されることもある。研究としての厳しい基準に適わないか、個々の文脈を超えた一般化の可能性において、ほとんど価値がないとみなされるからである。(p.224)

　マレーらは、次のように結論づけている（Murray et al., 2009）。

日々教師教育の実践に追われている教師教育者の、何が研究活動として「認められる」のか。まさに今、そのことを見直す時期が来たのかもしれない。教師教育に関する研究や学術的な活動に関する考え方の見直しは、教師教育者の専門職集団が長期的に取り組まざるを得ない課題となる可能性もある。この見直しの作業を通して、学習と学術性に関する新たな言語が確立されるだろうか。(p.949)

(10) 文章化

実践の経験を記述することは、教師教育者の専門性の発達を促し、理論的な洞察を生む。例えば書籍にまとめることは、1つの方法である。シュタイマンらは、イスラエルにおけるこうしたアプローチの成功事例を報告している (Shteiman et al., 2010)。イスラエルでは、教師教育者は書籍の出版に助成金を利用できるだけでなく、教師教育者の専門性開発を目指すMOFET研究所からもサポートを受けることができる。シュタイマンらによれば、こうした支援により教師教育者の社会的地位が高まるとともに、教師教育の理論と実践に関する知識量が拡大しているという。

Ⅱ．教師教育者－研究者としての自身の属性
(11) 個人の資質を発達させる

教師教育者－研究者が個人として持つ資質を発達させることも、重要である。例えば、モチベーションの高さ、熱意、不動の信念などが挙げられる。ウィルソンによれば、研究の道を歩み始める最善の方法は、研究をやってみることである (Wilson, 2006)。

研究について学ぶ最善の方法は、研究をすることである。教師になるために学ぶにしても、研究者になるために学ぶにしても、ただそれに没頭することが必ずしも最善の策ではないことは周知の事実であるにしても。(p.323)

(12) 視野の拡大

ゲメルらは、9人のスコットランド人教師教育者が共同で行ったセルフスタディを紹介し、セルフスタディを実施する中で、教師教育者らは研究に向き合う姿勢を変えるために視点を転換させることが必要だったと説明している（Gemmell et al., 2010）。まず彼らは、自分の仕事はひたすら教師を教えることであり、研究とは他人の著作を読んで勉強するものでしかないという考えを、放棄しなければならなかった。ここで有用なのは、様々な研究手法について学び、研究という概念を拡大することである。例えば、量的な研究が支配的な環境では、あえて質的な研究方法に関する文献に手を出すのもいいだろう（Borg & Alshumaimeri, 2012*; Gemmell et al., 2010）。上述の通り、教師教育者が研究についての新しい考え方を学び、その意義を発見するよう促すことは重要であり（Houston et al., 2010）、なかでも（実践志向の研究、アクションリサーチ、セルフスタディなどによって）自身の実践の発展と改善を目指すという考え方は不可欠である（Gemmell et al., 2010）。これには、研究とは何かということに関する所属機関内での組織的な見直しや、専門職コミュニティ全体での捉え直しが必要となる（要素（9）も参照のこと）。さらに、教師教育者個人のレベルでも、見直しが求められる。一般的に教師教育者は、研究と自身の日常的な業務とはほとんど関係しないと思っていることが多く、研究についてはただこなすものと考えがちだからである（Harrison & McKeon, 2010）。しかし、自身の実践に焦点を当てた研究も、教師教育全体に貢献し得る（Borg & Alshumaimeri, 2012*）。研究とは、個人的なリフレクションに留まるものではない（Murray, 2010）。このことは時に問題となり、ザイクナーは視野が狭まっている教師教育者が多いことを指摘している（Zeichner, 2007）。すなわち、教師教育者の多くは自身の実践にしか関心を寄せず、既存の学術的知見への貢献や、教師教育者の専門家コミュニティ全体の発展には目を向けないのだという。

Ⅲ. 研究者としてのキャリアを始め、歩み続けるためのインセンティブ

(13) モチベーションを高めるトピック

マクギーとローレンスは、教師教育者には、自身の学びよりも、学生の学びにより大きな関心を寄せる傾向があることを明らかにしている

（McGee & Lawrence, 2009）。この傾向をうまく活用すれば、教師教育者の興味関心に結びつくリサーチ・クエスチョンを設定することができるという。この発見は、マレーらの結論とも一致する（Murray et al., 2009）。マレーらは、教師教育者の研究を支援するプロジェクトをもとに研究を行い、研究志向の姿勢を育むには当人が持っている専門職としての価値観や使命感を土台にすることが重要であると論じている。

> プロジェクトを遂行するうえでは、既存の組織構造、組織の関心事、組織としての専門性と、研究を行う教師教育者の特性（中略）及びその基盤にある専門職としての価値観や使命感との折合いをつける必要がある。最も重要なのは、研究、学術性、及び教育の関係が、個人の中で、あるいは組織の中で、どのように理解されるかという点であろう。（p.949）

（14）発表する

　自分の研究を学会や研究会などで発表することは、大きな刺激となる（Geursen et al., 2010; Griffiths et al., 2010; Lunenberg et al., 2010）。発表に向けたプロポーザルを書くだけでも、専門性開発の重要なインセンティブになる（Kosnik et al., 2011）。自身の研究発表の日程が決まったとなれば、とても刺激になるだろう。また、研究を公にすることには、ザイクナーが指摘した、教師教育者がよく直面する視野の狭さの問題を是正する効果もある。

　たとえ所属している機関内部に向けた発表であっても、自身の研究について報告しなければならないという状況は、教師教育者にとってよい刺激となる。本人が報告や発表を行う必要性を認識していればなおさら、しっかりとした結果を残すべく努力をする重要なインセンティブとなるだろう。グリフィスらは、核心は「自分が研究に費やした時間に責任を持つこと」にあると記している（Griffiths et al., 2010, p.259）。

（15）見返り

　研究を貫徹できた際には、肩書きや昇進などで見返りを与えることも重要である。例えば准教授への昇進だったり、どのような形での承認で

も構わない（Griffiths et al., 2010）。何らかの賞を与えたり、研究時間を増やしたりすることも一案である（Lin et al., 2011）。

重要な特性
　以上の15の要素から、教師教育者が担う「研究者」としての役割とそれに伴う行動の専門性開発を促す重要な特性として、次の3点が挙げられる。

1.　周辺環境
研究に関して適切な理解のある研究文化が培われた職場環境をつくるためには、その土台となる関係性を築くことが重要である。職場は、組織としての期待と規定を明示化し、様々な形のサポート（頻繁な指導、研修、資源へのアクセスなど）を提供したうえで、協働を促進することが重要である。

2.　教師教育者−研究者としての自身の属性
個人が持っている資質を発達させることに注意を向けることが重要である。資質としては、例えばモチベーションの高さ、熱意、不動の信念などが挙げられる。また、実施し得る研究の形式について考える際の視野を広げることも大事である。

3.　研究者としてのキャリアを始め、歩み続けるためのインセンティブ
「研究者」の役割に関する専門性開発は、特定のインセンティブがあることで促進される。例えば、研究を公にして、報告し、賞をもらうことなどはインセンティブとして効果を持つ。

4.4 ｜ コーチ

　実践は学びを育む経験の源泉として重要であり、教師を目指す学生は実践から学習するプロセスにおいてサポートを得られるべきであるという考え方は、すべての教師教育機関に身を置く教師教育者と学生が賛同

するところである（Zanting et al., 1998）。先行研究では、このようなサポートを提供する者の役割について、コーチ、ガイド、メンター、ファシリテーターなど様々な用語で語られている。ここでは、〈コーチ〉という言葉を使うことにする。4.1.2項で論じた通り、この役割の中心的なポイントは、教職課程の学生の学習プロセスをファシリテートすることにあり、この考え方は先行研究の中でも広く共有されている。ウォルドらの研究は、リテラシーを教える60人以上の教師の専門性開発のために、教師教育者が発揮した様々な役割の影響力を分析した（Wold et al., 2011）。その結果、教師たちは、教師教育者の「コーチ」としての役割の影響を最も強く受けたと結論づけている。研究に協力した教師たちは、教師教育者が「コーチ」としての役割を担ううえで重要なのは、次のような資質であると語っている。すなわち、寛大であること、寛容なこと、熱心なこと、近づきやすいこと、人を触発する力があること、親しげだが礼儀正しいこと、手は差し伸べるが管理しようとしないこと、一方的な批判をしないこと、などである。

　教師を目指す学生の学習プロセスにおけるコーチングは、教師教育機関だけでなく、職場すなわち学校現場においても行われる。4.1.2項で、現場での学習を支援する責任を担う人は、一般的に「メンター」「指導教諭」「受入教員」あるいは「学校ベースの教師教育者」と呼ばれることを記した。先行研究をみても、それぞれの用語の明確な区別は明らかになっておらず、国や文脈によって概念が異なっている（Zanting et al., 1998）。さらに言えば、「メンター」という語は、職位としても、役割を示すものとしても使われている。以下では、〈学校現場のファシリテーター〉という用語を、学校現場において教育実習生の学習を支援するあらゆる人物を指すものとして使用する。

　教師教育機関で「コーチ」として働く教師教育者（教師教育機関ベースの教師教育者）の役割に関する研究は少ない。「コーチ」としての役割に言及している文献を25本参照したが、その多くは学校現場でのファシリテーションのみを取り扱っていた。しかし、この役割に関しては、様々な志向があり得る（Wang & Odell, 2007）。ヘニセン、クラスボルン、ブラウヴェル、コルトハーヘン、ベルゲンは、学校現場のファシリテーターの役割に関する先行研究のレビュー論文を著している（Hennissen,

Crasborn, Brouwer, Korthagen, & Bergen, 2008)。ここでは、ヘニセンらの論文をもとに、教師教育者の「コーチ」としての役割とそれに伴う行動を決定づける要素を整理する。

4.4.1 | 役割と行動

「コーチ」としての役割とそれに伴う行動を決定づける要素として、5つが発見された。これらは2つのカテゴリーに分類することができる。

　Ⅰ. 学校現場のファシリテーターとしての業務
　Ⅱ. 教師教育機関ベースのコーチとしての業務

I.　学校現場のファシリテーターとしての業務
（1）現場に関する知識の提供

　ホール、ドレイパー、スミス、バロウがアメリカで実施した調査によれば、264人の学校現場のファシリテーターが、自身の活動の鍵はコーチングにあると考えていた（Hall, Draper, Smith, & Bullough, 2008）。ここでいうコーチングとは、業務に対するサポート（カリキュラムや学級管理に関する知識の提供や、ロールモデルとしての振る舞いなど）だけでなく、情緒面でのサポートも含む。なお、この研究に協力したファシリテーターは、情緒面でのサポートよりも業務に対するサポートのほうがより重要であると強調している。

　学校現場のファシリテーターがコーチングをする際に用いる最も重要な資源は、個人の資質と教師としての経験である。コスラン、マクコウトリー、スマイゲル、ガーン、クリーナ、マーティン、フォウストは、学校現場のファシリテーターの最も重要な活動として次の事柄を挙げている（Cothran, McCaughtry, Smigell, Garn, Kulinna, Martin, & Faust, 2008）。すなわち、教科教育に関する知識と経験知を文脈に応じて提供することと、巧みなコミュニケーションである。国際的な比較研究を実施したワンも、同様の結果を示している（Wang, 2001）。

　学校現場のファシリテーターは、主に現場におけるガイド役を果たしている。ホールは、この役割観は限定的なものであると述べ（Hall et al., 2008）、学生は教育について現場に制限される見方よりも広い視点を発

達させるべきであると論じている（Zeichner, 2002*; Loughran, 2006*を参照）。

（2）実践志向——カリキュラムや学級活動に関する助言を行う

　ラフアン、ベイヤルツ、フェルロープは、20人のイスラエルの学生と、彼らを指導する10人の学校現場のファシリテーターとの協同性を調査した（Rajuan, Beijaard, & Verloop, 2007*, 2010*）。両者ともに、サポートの手厚さと課題の難しさのバランスがちょうどよく保たれているときに、コーチングが最も効果的に感じられることを経験していた。学生とコーチの組み合わせにおいて、こうした適切なバランスはほぼ実現されていた。学生は、コーチの個人的な特性が最も重要で、次に実践的、技術的な志向性が重要であると考えていた。一方で、コーチは、主に実践的、技術的な志向性を重視しているようだった。

　オランダのケースをみてみよう。クラスボルン、ヘニセン、ブラウヴェル、コルトハーヘン、ベルゲンによると、学校現場のファシリテーターは、たいていの場合、学生に対して未熟であるというイメージを抱くことが多いという（Crasborn, Hennissen, Brouwer, Korthagen, & Bergen, 2010）。そのため、学生に質問を投げかけたり、ディスカッションを促したり、課題解決に注力させるよりも、アドバイスを与えるという形をとりがちになる。学校現場のファシリテーターを対象に行った刺激再生法[12]によるインタビュー調査では、ファシリテーターは自身がなす会話のわずか20％しか、リフレクションを促す会話になっていないと考えていることが明らかになった。一方でペリー、ハッチンソン、サンベルガーによるケーススタディは、また別の事柄を明らかにしている（Perry, Hutchinson, & Thanberger, 2008）。学校現場のファシリテーターは、リフレクションを促すようなサポートを行うことも可能であるが、録音した会話を聞いて、学生に質問を投げかけたり自らがロールモデルとなったりするよりも、情報とサポートを提供したほうが学生のためになると結論づけたのである。もうひとつ、クラスボルン、ヘニセン、ブラウヴェル、コルトハーヘン、ベルゲンによれば、学校現場のファシリテーターと学生との間で交わされる会話の中で最もよく話題に上るのは、指導上や組織上の課題であり、児童生徒のことや学級のこと、そし

て教科教育についての話題は比較的頻度が低いという（Crasborn, Hennissen, Brouwer, Korthagen, & Bergen, 2011）。この調査結果は、こうした会話の中では授業場面が最も重要なトピックとなると論じたストロングとバロンの研究の内容とも一致している（Strong & Baron, 2004）。また、ワンは、アメリカ、イギリス、中国の3カ国における23人の学校現場のファシリテーターを対象に調査を実施した（Wang, 2001）。その結果、学校現場のファシリテーターは、学生とやりとりをする際に、主にカリキュラム（目標、学習活動、教材、計画やスケジュール）と教育方法に焦点を当てがちであることが明らかになった。カリキュラムに重点を置くか、実際の教育活動に重点を置くかは、国によって違いがみられた。アメリカでは、個々の児童生徒への関心やカリキュラムへの注目度が高く、このことは教師自身の口からも明確に語られた。中国では、国家がカリキュラムを定めるため、カリキュラム内容や評価に対する教師の自律性が制限されているからこそ、焦点は、いかにして経験の浅い教師が標準化されたカリキュラムに沿った教え方を身につけ、規律に関する理解を共有するか、という点に置かれる。イギリスは、アメリカと中国の中間に位置するような特徴がみられた。

　助言をすることが強調されがちであるという事実は、バレラ、ブレイリー、スレイトの研究からも明らかになっている（Barrera, Braley, & Slate, 2010）。バレラらは、アメリカのテキサス州において、経験の浅い教師をサポートしていた46人の学校現場のファシリテーターを対象に調査を行った。その結果として、コーチたちは、よりよく定義された目標と、自分たちの業務における義務と責任についての明瞭な説明が必要であると感じていることが報告された。これは、自分に期待されているものが明瞭にされていない問題と関連があるのかもしれない。

(3) 転移のためのリフレクションの促進
　上記の先行研究の数々では、学校ベースの教師教育者が教師教育において果たす役割が拡大してきていることが頻繁に強調されている。結果として、学校現場のファシリテーターの役目や役割に注目する必要が生じている（Yendol-Hoppey, 2007）。ロックランは、その足がかりとなるポイントをいくつか示している（Loughran, 2006*）。ロックランによれば、

学校現場のファシリテーターは、経験の浅い教師が教育実践についての議論やリフレクション、批判的な考察に参加できるような環境をつくるべきであるという。しかし、バーンや、ファン゠フェルズとヴォルマンの研究によれば、そうした役目を学校現場のファシリテーターに与えることで生じる問題もあるという（Burn, 2007; Van Velzen & Volman, 2009）。ファシリテーターは、実践的な知識を理論的な概念につなげることに長けていないため、転移を促すようなリフレクションの機会を提供することができないのである。このことは、ファシリテーターが担う典型的な役割とは何かが明確に示されることが少ない理由の1つであると考えられる。ファシリテーターの典型的な行動パターンはあるが、そうした行動や思考の明確な言語化はほとんどなされていない（Levine & Marcus, 2010*）。ザンティングらやマルゴリスは、学校現場のファシリテーターはこうした概念化や言語化をより頻繁に行うべきであると主張している（Zanting et al., 1998; Margolis, 2007）。

　ラフアンらの研究によると、上にも記した通り、イスラエルで活躍する学校現場のファシリテーターには、学術的志向性、及び批判的な思考のレベルが著しく低い結果がみられたという（Rajuan et al., 2007*, 2010*）。コーチの影響か、学生にも似た結果がみられた。バロウが実施したある学校現場のファシリテーターのアイデンティティ形成のプロセスに関するケーススタディは、教師教育機関と学校が協働するための構造がいかに複雑であるかを示している（Bullough, 2005）。ファシリテーターとしての自分に何が求められているのかが明瞭でないために、そのコーチは「心を砕く母親の役割」を担うことになったという。

　ホワイトヘッドとフィッツジェラルドの研究は、また別の視点を示している（Whitehead & Fitzgerald, 2007）。この研究は、マクニフ、ロマックス、ホワイトヘッド（McNiff, Lomax, & Whitehead, 1996*）、マクニフとホワイトヘッド（McNiff & Whitehead, 2002*）が言うところの「アクションリサーチを目指した、生きた理論をつくるアプローチ」に基づいた、成功を収めている興味深いプロジェクトについて記している。大学がイニシアティブをとって支援を行ったこのプロジェクトにおいて、学校現場のファシリテーターと学生は協働して授業を計画し、実施した。そして、授業後には録画したこれらの授業を見ながら、ディスカッションを

する時間が確保された。第1段階では学校現場のファシリテーターが授業を行い、第2段階では学生が授業を行っている。このプロジェクトの主意は、リフレクションを促し合う対話を育むことにある。このアプローチを通して、指導教論と学生の双方のリフレクションが促された。参加者の1人は次のように話している。「授業についての講義を受けるだけではありませんでした。リフレクションについての授業も受けたのです」(p.7)。収集されたデータをもとに、ホワイトヘッドらは結論として、真の学び合いのためのコミュニティが形成されたと記している。

II. 教師教育機関ベースのコーチとしての業務

(4) 心を砕くセラピスト

　教師教育機関に身を置くコーチに関する研究は多くないものの、それらの研究には、「コーチ」の役割に関わる落とし穴に焦点を当てているという共通点がみられた。ボウトは、教師教育に関する従来の見方から、構成主義的な見方への転換が起きていることを論じ、その結果として、自身を「教師の教師」と捉える教師教育者の数は減り、むしろ「コーチ」として自らを捉えている教師教育者の数が急激に増大していることを記している (Boote, 2003)。ボウトはこの傾向を、皮肉を込めて、「信念と心構えのセラピスト」と呼ぶ。ニコル、ノヴァコウスキー、ガレブ、ベアイストは、ケアすることに焦点を当てた「コーチ」の役割と、「教師の教師」としての役割を探究することに焦点を当てた役割との間に生まれる葛藤について考察している (Nicol, Novakowski, Ghaleb, & Beairsto, 2010)。この研究に協力したある教師教育機関ベースの教師教育者は、主にケアに焦点を当て、教師としての自身の経験を学生と共有することで業務を担おうとしていた。つまり、機関ベースの教師教育者としてこの教師教育者が持っていた役割観は、多くの学校現場のファシリテーターが抱いている役割観に類似していると言える。

　ボウトとニコルらが示したこれらの研究結果は、機関ベースの教師教育者はロックラン (Loughran, 2006*) が提案するようなより広い「コーチ」の役割観を現実のものとして成立させることができるのか、という問題を提示する。また、機関ベースの教師教育者は、経験の浅い教師が教育に関する議論や批判的なリフレクションに参加できるような環境を

つくる力を有しているのか、という問題もある。

（5）境界線の消滅——重なり合う業務

　教師教育機関ベースの教師教育者が担う業務や役割と、学校現場の
ファシリテーターのそれとが融合しつつあることは、上述の通りであ
る。加えて、ポイヤスとスミスは、学校現場での仕事と教師教育機関で
の仕事を組み合わせる教師教育者の数も増えていることを指摘している
（Poyas & Smith, 2007）。このような状況下では、それぞれの役割や業務内
容について、より詳細な定義が求められる。しかも、学校での経験を基
盤とする、元ベテラン教師である教師教育者にとって、自身の経験をい
かに専門的な用語で語るかというのは常に課題である。

　　　彼らは、ベテラン教師という厳然たるアイデンティティをもとに大
　　学教員となった。彼らが専門職としての活動や信念について話すと
　　きにも、その作法は学校というかつての実践の場に似合う、散漫な
　　「物語」になる。しかし、ひとたび学術的な環境で教育方法に関す
　　る授業を担当し始めると、こうした「物語」をふさわしい形で語ろ
　　う、自身が専門職として長けている事柄を定義しよう、と苦心する
　　ようになる。彼らが持つ専門的な知識は、言語化されて教育歴のな
　　い教職課程の学生や大学教員にも理解できる形で伝えられなくては
　　ならない。（Poyas & Smith, 2007, p.332）

重要な特性

　まとめると、教師教育者が担う「コーチ」としての役割と、その遂行
に伴う行動には、次の重要な特性があることがわかった。

1.　学校現場のファシリテーターとしての業務
　学校現場のファシリテーターは、経験の浅い教師に助言をしたり彼ら
を学校につないだりする役割を担うだけでなく、相手により多くの質
問を投げかけて、ディスカッションやリフレクションを促すべきであ
る。そうする中で、現場に依存する状況を乗り超えていかなければな
らない。しかし、これまで取り上げてきた研究が示す通り、ファシリ

テーターにはより狭い役割観が抱かれている。ファシリテーターの多くは、自身の業務は自分が働いている現場に限定されるものであると考えている。その行動は、個人の資質と教師としての経験に基づいており、授業のつくり方や授業の仕方、児童生徒への対応など、学校現場での具体的な状況における実際的な問題への対応策を学生に助言することに焦点が当てられている。一般的に、ファシリテーターは自身の教授行動やその基礎にある思考を十分に明示化できていない。結論として、ファシリテーターはより広い役割観に適応できるように準備をするべきだと言える。

2. 教師教育機関ベースのコーチとしての業務
教師教育機関ベースのコーチにとっても、課題は存在する。機関ベースのコーチは、「コーチ」としての役割と「教師の教師」としての役割のよりよいバランスを見つけなければならない。また、学校現場のファシリテーターの仕事と重なるような業務は、より明確に区別する必要がある。さらに、「心を砕くセラピスト」という役割は避けて、教育に関する議論や批判的なリフレクションを促すことに注力したほうがよい。

4.4.2 | 専門性開発

収集した先行研究においては、「コーチ」としての専門性開発に関するすべての研究が、学校ベースの教師教育者に焦点を当てたものであった。しかし、すでに述べた通り、学校における業務と教師教育機関における業務を組み合わせる教師教育者が近年増えてきている（Poyas & Smith, 2007)。また、この現象によって、より深みのある専門性開発が求められるとともに、教師教育のプロセスに携わるすべての者が共同で取り組むような専門性開発のあり方が必要になると言える。この文脈で先行研究をみると、教師教育機関ベースの教師教育者が果たす「コーチ」としての役割に関する専門性の開発については、ほとんど研究がなされていないことに驚かされる。

先行研究から、教師教育者が「コーチ」としての専門性を発達させる

うえで重要となる4つの要素を見つけることができた。これらは次の2つのカテゴリーに分類できる。

　Ⅰ. 目的と周辺環境
　Ⅱ. サポート体制

Ⅰ. 目的と周辺環境

（1）学校現場のファシリテーターの研究志向

　4.4.1項で論じたように、学校現場のファシリテーターの教師教育への関与が増している。このことは、ファシリテーターとしての専門性を開発する目的に影響を及ぼす。例えばバーンは、学校現場のファシリテーターがより研究志向を強めることで、ベテラン教師というアイデンティティから、自身の教育実践を議論の俎上に載せる専門職としてのアイデンティティへと転換し得ること、そして、学生の育て方や自身の専門性開発のあり方についての考え方も転換し得ることを強調している（Burn, 2007）。この転換は魅力的に聞こえる一方で、バーンは次のように警告している。

　　しかし、研究を教師教育と組み合わせることは、指導教諭に学習者としての役割と教育者としての役割を同時に担ってもらうことになる。これは、指導教諭自身とその同僚たちが、新しい専門的知識を構築するプロセスにおける既存の知識基盤の重要性を十分に理解していない限り、実現しない。（p.463）

（2）学校と教師教育機関との強いパートナーシップ

　学校現場のファシリテーターの専門性開発にとっては、学校と教師教育機関の双方からのサポートが重要となる。特に、自身の教育実践に関するひとりよがりな解釈を克服するためにこれらのサポートが果たす役割は大きい（Burn, 2007）。この観点から、教師教育機関と学校が強い協力関係を築くことが、効果的な専門性開発の条件として重要であると主張する研究は多い（Barrera et al., 2010; Crasborn et al., 2008; Crasborn et al., 2010; Dever et al., 2003）。

Ⅱ． サポート体制

（3）研修

　オランダにおけるクラスボルンら（Crasborn et al., 2008, 2010）や、ヘニセン、クラスボルン、ブラウヴェル、コルトハーヘン、ベルゲン（Hennissen, Crasborn, Brouwer, Korthagen, & Bergen, 2010）の研究は、マイクロティーチング[13] と「リアリスティック教師教育[14]」（Korthagen et al., 2001*）の原理に基づく学校現場のファシリテーター向けの研修について述べている。研修の前後のファシリテーターらと学生たちとの会話を分析すると、顕著な行動の変化が起きていることが浮き彫りになった。研修を受けた後、ファシリテーターらは「励ます人」としての役割を多く担うようになり、助言をする人や指示を出す人という役割は軽減された。また、そのことで時間に余裕が生じた結果、より効率的に仕事ができるようになり（Crasborn et al., 2008）、「コーチ」として自身の行動により意識的になったことが指摘されている（Crasborn et al., 2010）。さらに、状況に対してより適切なコーチングのスキルを適用できる頻度が高まり、研修後に行われた刺激再生法のインタビューでは、インタビュアーとの会話の中により多くのリフレクションがみられるようになっていた（一連の会話の中の20%だったものが33%にまで増加した）。結果として、教職を目指す学生の学びのプロセスに対してより多くの注意が向けられるようになっていた（Crasborn et al., 2010; Hennissen et al., 2010）。

　デヴァーもまた、学校現場のファシリテーターを対象とする研修について研究している（Dever et al., 2003）。この研修は、相手にフィードバックを与えることを主眼に置いている。研修後の評価によれば、参加者は、教職を目指す学生を観察する際、その学生の実践からより客観的なデータを集め、学生の行動についてもより具体的なフィードバックを示すことができるようになっていた。また、マルゴリスの研究は、学校現場のファシリテーターとなった7人の教師（教師経験は4〜6年）に対するサポートについてのものである（Margolis, 2007）。このサポート体制の試行を成功させた最も重要なポイントは、試行に参加した比較的経験の浅い教師たちが、自分自身で思考し、明らかな課題に自ら取り組むような教師であった点、そして、自身の専門性を伸ばすためにコーチになるという新しい道を主体的に選んだ教師であったという点である。それで

も、この研究からは、学校現場のファシリテーターが自身の用いるアプローチ、とる選択、直面するジレンマを、教職を目指す学生に説明できるようになるには少なくとも6カ月の時間を要することが明らかになった。学校現場のファシリテーターと学生が互いに教え合うことがこのプロセスを深化させ、互いの学びを促進し、失敗から学び合うことさえ可能にしていた。

(4) 学習者のコミュニティ

「教師の教師」の役割について述べたのと同様に、学校現場のファシリテーターの専門性開発もまた、学習者のコミュニティに参加することが促進要因になる。コクラン゠スミスは、教師教育機関に身を置く教師教育者と学校現場のファシリテーターが、教職を目指す学生へのコーチングをよりうまく行うために「探究し続ける姿勢」のアプローチを用いたケースについて分析している (Cochran-Smith, 2003)。ともに研究を行い、互いに質問を投げかけ、それぞれの実践から得たデータを持ち寄ることで、専門性開発の基礎が築かれたという。例えば、学生を評価する際に既存のチェックリストに頼りすぎる傾向が軽減され、下記のようなナラティブな評価表づくりが促された。

> 実践、日誌、授業や単元の指導計画、観察メモ、教育実習生が児童生徒や教師と交わした会話の記録、その他学校の中や授業の中で学生が行った業務の資料から、充実した業務記録をつくることができる。このナラティブな評価表は、年に2回、教職を目指す学生、学校の受入教員、そして大学の指導教授がそれぞれ収集したものをまとめる形で作成する。全般的な印象や大まかなカテゴリーではなく、具体例を集めることでその学生の行動を動的に描き出すのである。(Cochran-Smith, 2003, p.15)

ゼラーメイヤーとマルゴリンは、教師教育を専門とするイスラエルの大学において、初めて「コーチ」の立場に就く教師たちのコミュニティを対象に分析を行った (Zellermayer & Margolin, 2005)。研究は、このコミュニティで起きた4つの重大な出来事に関する会話をまとめた資料を

もとに行われた。取り上げられた出来事の1つは、参加者の1人が自身のアクションリサーチについて議論している際に、正直に自分自身をさらけ出したというものである。この一件があったからこそ、他の者も自分にとって居心地のいい領域（コンフォート・ゾーン）から踏み出し、全員が共同的な学びのプロセスに主体的に参加するようになったという。この研究結果と同様の現象は、キャロル、デイヴィとハムの研究にも示されている（Carroll, 2005; Davey & Ham, 2010）。これらの研究によれば、成果とプロセスの両方に対してバランスよく注意を向けることが、学習者のコミュニティとして専門性開発を行うことができるかどうかの鍵となるという。

重要な特性

教師教育者が担う「コーチ」としての役割とそれに伴う行動に関する専門性の開発にあたっては、2つの重要な特性があることがわかった。

1. 目的と周辺環境

学校現場のファシリテーターが教師教育に関わる機会と度合いが増えている中で、ファシリテーターは経験の浅い教師を実践へと導く能力だけでなく、リフレクションや研究、実践に関する判断についての（理論的な）根拠づけまでをサポートできることが求められる。つまり、ファシリテーターは自身の中に研究志向の姿勢を育む必要がある。このような専門性を開発するためには、学校と教師教育機関との密接な連携が必須となる（4.7節「仲介者」も参照のこと）。

2. サポート体制

先行研究をもとに結論として言えることは、学校現場のファシリテーターの研修（ここでは、コーチングのスキル、リフレクションを促すスキル、自身の行動を言語化して明示化するスキル、生産的なフィードバックをするスキルに焦点を当てたもの）と、参加者が主体的に交流し合う学習者コミュニティへの参加（ここでは、自身の実践に関する探究と研究に焦点を当てたもの）はともに、ファシリテーターの専門性開発を促す効果があるということである。

4.5 | カリキュラム開発者

　教師教育者が担う「カリキュラム開発者」としての役割とそれに伴う
行動に関する研究は、わずか14本しか見つからなかった。研究の数が
少ないこと、そして見つかった限られた研究も経験に裏づけられた根拠
が比較的乏しいことから、この役割に関する重要な要素は1つのカテゴ
リーにまとめることにした。カテゴリー名は「多様なアプローチと実
践」である。結果的に、妥当性と信頼性の観点から、教師教育者がカリ
キュラム開発者として果たす役割とその行動については、重要な特性も
1つを抽出するのみに留めた。また、みた限りにおいて、「カリキュラ
ム開発者」としての教師教育者の役割と行動に関する専門性開発につい
ての先行研究を見つけることはできなかった。

4.5.1 | 役割と行動

多様なアプローチと実践

（1）社会的な議論

　教師教育におけるカリキュラム開発に関する考え方は、望ましい教師
の資質に関する社会政治的な議論の影響を受けており、それに伴って、
学ぶことや教えることに関する様々な考え方を内含している（Grossman
et al., 2009; Krokfors et al., 2011; Le Cornu, 2010）。この数年で教師教育に関
する考え方が社会政治的な議論によって変化してきていることを指摘す
るのは、グロスマンらとルコルヌの研究である。ここでいう教師教育に
関する考え方とは、例えば、知識の領域に基づいて整理されたカリキュ
ラムを重視するものや、授業実践や授業スキルを重視するもの、学生が
技術的なスキルだけに気をとられるのではなく、教育における道徳的、
倫理的な問題についても考慮できることを重視するリフレクション志向
のもの、教師の関心やニーズを中心に置くことで理論と実践のより適切
な接続を目指す「リアリスティック教師教育」、「学びのコミュニティ」
を主軸に据えるもの、経験の浅い教師が自ら専門家としての知識やスキ
ルを習得し、専門家としてのアイデンティティを発達させるためにコア
となる複数の実践を中心としたカリキュラムの開発を目指すものなどが

ある。

　コクラン゠スミスは、教師教育者を「公的な知識人」と呼んだうえで、教育に関するカリキュラムの開発についての国内外の議論に積極的に寄与するべきであると論じている（Cochran-Smith, 2006*）。ただ、実際には教師教育者はこうした議論をリードするというよりも、議論に引っ張られながら従うだけの立場に陥りがちである。

（2）教師教育の道標となる原理
　教師教育の根底にある基礎的な教育学の思想については、今もなお教師教育者の間で活発に議論されていることが先行研究から読み取れる。さらに言えば、教師教育のためのカリキュラム開発の根底にある思想や原理は、現場ごとに特徴づけられる慣習や傾向の影響を強く受けていると言える。学生がこれまでの自分をふり返るリフレクションとそれに伴う感情の共有が重要であると強く信じる教師教育者もいれば（例えばLe Fevre, 2011を参照）、カリキュラムにおけるICTの活用の重要性を強調する者もいる（例えばDrent & Meelissen, 2008を参照）。

　その中には、教師教育のカリキュラム設計にあたり、地域などの違いを超えて共通している原理もある。これらは教師教育者の「カリキュラム開発者」としての役割にも関わるもので、その1つは理論と実践をつなぐという原理である。コルトハーヘンらは「リアリスティック教師教育」という概念をつくり、理論を実践にうまく接続させるアプローチを示した（Korthagen et al., 2006）。ここでの教師教育のカリキュラムの中心には、「省察的実践家」としての教師の専門性を開発するという考え方が置かれている。この観点で重要なのは、学生の関心（葛藤、ニーズや実践）を出発点にするという思想である。「教えること」を学ぶためには、カリキュラムよりも学生をはじめとする学習者に視点を移す必要がある、というのが基本的な考え方である。この教師教育プログラムでは、学生が自分の実践について研究し、他の学生や教師と密に協働することで学びをより豊かなものにしようする。「リアリスティック教師教育」の考え方によれば、「カリキュラム開発者」としての教師教育者は、必要とされる知識のあり方について、そして学校、大学、教育実習生とのよりよい関係について、明確なビジョンを持っている。教師教育者は、

プログラムが推奨している教育と学習のためのアプローチを、モデルとして日々実践する。こうしたカリキュラムの事例を紹介しているものとして、ファン゠タルトヴァイクによるオランダの研究などがある（Van Tartwijk, 2011*）。

　教師教育のカリキュラムに関する似た原理を適用した研究は、スカンジナビアでも行われている（Krokfors et al., 2011; Arreman & Weiner, 2007）。クルクフォルスらによるフィンランドの研究では、教師教育者に対して、彼らが所属する教師教育機関における授業や指導は「研究によって主導されるもの」であるべきか、「研究を志向するもの」であるべきか、「研究を基盤としたもの」であるべきか、あるいは「研究によって触発されたもの」であるべきかを尋ねている。その結果、教師教育者の過半数は「研究を基盤とした」カリキュラムを望んでいることがわかった。すなわち、教科内容の知識よりも探究型の活動を中心に設計されたカリキュラムである。探究型の教師教育の目的は、「教育方法について思考する教師を生み出す」ことにある（p.11）。

　ストルーヴェンとデ゠メイストは、フランダース地方においてコンピテンシーを基盤としたカリキュラムが再び脚光を浴び始めていることを指摘している（Struyven & De Meyst, 2010）。しかし、過去にコンピテンシーを基盤としたカリキュラムが流行した際には、断片的な行動を捉えようとするアプローチだったのに対して、近年注目されているカリキュラムはよりホリスティックな傾向を持つという。近年のアプローチは、スキル、知識、姿勢や経験に対して包括的に焦点を当てることで、教師の役割をより的確に理解しようというものである。この研究は、フランダース地方で働く教師教育者の複数のグループがコンピテンシーを基盤とした教師教育カリキュラムを好んでいることを示しているが、そうした教師教育者がコンピテンシーを基盤としたカリキュラムの開発や実現にどのように貢献するのかに関する体系的な研究は行われていない。

　主にアメリカでは、「コア実践」［中核に置かれるべき実践］を中心として教師教育のカリキュラムを設計するアプローチが開発されている（Grossman et al., 2009）。「コア実践」とは、児童生徒に教える中で頻繁に起こるような実践のことで、経験の浅い教師が教室でそれらにうまく取り組み、少しずつ対応方法を習得できるようになることを目指してい

る。体系化されたコア実践では、経験の浅い教師も児童生徒とその学習についてよりよく学ぶことができる。コア実践は教えることの高潔さや複雑さを内包しつつ、研究を基盤とするものであり、さらには児童生徒の成績を向上させる可能性も持っている。複数のコア実践を中心に組み立てられた教師教育カリキュラムは、学生が専門家としての知識やスキルを習得することを支援すると同時に、専門家としてのアイデンティティを育むことも目指している。

> 教育実践は、専門職養成のためのカリキュラムにおいて、縦糸となる。一方で、これらの実践を成立させるうえで必要な知識やスキルは、その横糸となる。(Grossman et al., 2009, p.277)

従来の教師教育カリキュラムでは、基礎理論に関する授業と方法論に関する授業が分け隔てられていたが、このようにして理論と実践の間の溝は橋渡しされるべきである。グロスマンらは、「学びを促す足場がけ (instructional scaffolding)」の例として、以下のように語っている。

> 「学びを促す足場がけ」を伴う実践では、教師教育者は「なぜ学びのための足場がけが必要なのか」といった基礎的な理論に焦点を当てるため、学生はいつどのような条件下で足場がけを行うべきかを学ぶことができる。また、足場がけにはルーティン化できる指示や言葉かけも含まれることから、教師教育者は、学生がそれらについても学び、実践する機会を与えることが望ましい。経験の浅い教師は、こうした実践に試行錯誤しながら取り組む中で、教師としての自身の役割に根ざした専門職としてのアイデンティティを形成してゆく。このような実践は、教師として行動するとはどのようなことかという理解を深めてくれるのである。こうして、専門職としての知識とアイデンティティは、教育の実践を中心に編み上げられていく。(p.278)

こうしたカリキュラムを開発するには、大学と学校との密接な協力関係が必須となる。結果として、大学に所属する教師教育者は、学校現場

で展開される教師教育プログラムをつくり上げる過程にもより深く携わることになる。

（3）カリキュラムを開発するということ

　ブレイズとエルズデン゠クリフトンがオーストラリアで実施した研究は、自身が所属する大学における教師教育カリキュラムの変容に焦点を当てている（Blaise & Elsden-Clifton, 2007）。ブレイズらは、新しいコンピテンシーを基盤としたカリキュラムを開発していた。その主な特徴は、学生がグループワークを行い、学生同士でフィードバックを与え合い、学生グループで評価を行うことである。この新しいカリキュラムで学んだ300人以上の学生の経験に関するデータを集めたのが、2007年に発表された研究である。この研究によって、多様なメンバーで構成されたグループでグループワークを行うと時間が長くかかってしまうという学生の不満や、他者と協働する際に生じる不平等や力関係には積極的な対応が求められるという課題が明らかになった。ブレイズらはこれを受けて、自らが抱える緊張感や不安感、疑念などを学生に話す場をつくり、教師教育者として自らが行っている教育に対して、自身も疑ったり見直したりしている姿を見せた。ブレイズらは次のように語っている。

　　　このポストモダン的なやり方は、教師のアイデンティティは児童生徒や学生と同じように形成されるものであり、複数あれば変化もするものであることを認めるものである。（p.402）

　この研究を牽引していた教育原理はコンピテンシーを基盤とした学習の理論であったが、他の先行研究をみる限り、同一のカリキュラムを担う教師教育者たちも従うべき原理を共有できていないことがほとんどである。ウィレムス、ルーネンベルク、コルトハーヘンによるオランダでの研究は、1学期分の新しい教師教育カリキュラムを共同で開発した9人の教師教育者を対象としたケーススタディである（Willemse, Lunenberg, & Korthagen, 2008）。このカリキュラムには、とりわけ道徳教育の観点から、より質の高い形で教育目的を盛り込むことが目指された。研究の結果、それぞれの教師教育者はカリキュラムの中の自分が担当する部分に

ばかり気をとられていたがゆえに、道徳教育の要素がカリキュラムの中のわずかな部分にしか見受けられない形に仕上がっていたことがわかった。そのうえ、教育目標も明確化されていなかったため、正当な評価も難しい状況であった。

コズニックとベックは、自身が携わっているカナダの小学校教師を目指す学生のためのプログラムを担う10人の教師教育者を対象に、リテラシーの指導法を分析した（Kosnik & Beck, 2008）。これらの教師教育者は、カリキュラムの内容をどのように教えるかということを個々人で決めており、全員が理論と実践とのバランスの取り方に悩んでいた。10人のうち6人は、自分は構成主義の観点から教えていると述べている。

> これらの教師教育者はコミュニティをつくり、学生が自らの信念に基づいて取り組むように促し、多くの選択肢を与えて、学生がそれぞれの方法論を実体験できるよう様々な教育方法を駆使した。(p.121)

しかし、それぞれの授業の概要をより細かく分析すると、授業内で学ぶトピック間の関連性がきわめて低く、「1つのトピックから次のトピックへと『飛ぶ』方法がとられて」いたという（p.121）。さらに、学生は授業の中で教わった理論の理解が追いつかないと不満を漏らし、授業で提示された実践的な方法論を教育実習などで活用した学生はほとんどいなかった。

アメリカの大学に身を置く教師教育者であるキャロルは、学校ベースの指導教諭との共同チーム（the Collaborating Teacher Study Group, 協働的な教師間勉強会）がカリキュラムを開発するプロセスについて記述している（Carroll, 2005）。キャロルによれば、勉強会の中で、それぞれのメンバーが今まで伸ばしてきた指導教諭としての指導（メンタリング）実践に関する技能について語り合うことで、メンタリングについての共通理解をつくっていくことが可能になったという。この共通理解を基盤にして、それぞれの指導教諭は自分が担当する部分を詳細に計画して他の指導教諭に伝えることの責任をより重く捉えるようになり、学生の成長過程を評価するためのチェックポイントづくりにもより責任を負うようになっ

た。キャロルは自身がメンバーとして、そして話し合いの際のファシリテーターとして、このプロセスに参加する中で果たした役割を分析している。また、ルコルヌと、マーティン、スノウ、トレズは、教師教育者の役割について、カリキュラム開発を通して大学と学校とをつなぎ留める「くさび」であると語っている（Le Cornu, 2010; Martin, Snow, & Torrez, 2011）。この点については、「仲介者」の役割について論じる4.7節でより詳しく取り上げる。

重要な特性

上述の通り、「カリキュラム開発者」としての教師教育者の役割に関する先行研究はほんの少数しか見つからなかった。これらの研究をもとに、教師教育者が担う「カリキュラム開発者」としての役割と、その遂行に伴う行動に関する1つの重要な特性を見出すことができた。

1. 多様なアプローチと実践

先行研究をみると、アプローチや実践が非常に多種多様であることが現在の特徴であることがわかる。このため、「カリキュラム開発者」としての役割を担う教師教育者は不明瞭な立場に立たされることになる。概して、「カリキュラム開発者」としての役割は、地域ごとの状況や社会政治的な議論に基づいて決まるものである。教師教育の原理は、ある時代性と文脈の中で教師教育のカリキュラムを開発する際の道標として機能すると考えられるが、それには世間での議論が影響を及ぼしている。教師教育者はこうした時代的な流れをつくり左右する立場にある、と考えるのは誤りで、実際にはそれに従っていることのほうが多い。

近年では、教師教育のカリキュラム開発を学校との協働の中で行うことへの関心が高まっている。しかし、明確な目的に基づく体系立ったカリキュラム開発のあり方が重要であることは広く認識されている一方で、実際に教師教育カリキュラムがそうした形で開発されることはまれである。

4.5.2 | 専門性開発

前述した通り、「カリキュラム開発者」としての役割に関わる専門性開発についての研究は見つけることができなかった。したがって、重要な特性をまとめることも不可能であった。

4.6 | ゲートキーパー

「ゲートキーパー」としての役割において、教師教育者は学生がどのような形で教師という専門職に出会うかに責任を負っている。この役割とそれに伴う行動に関する先行研究として見つかったのは、わずか7本であった。これらの先行研究から浮かび上がった要素は3つあり、これらを「多様なアプローチと実践」という1つのカテゴリーにまとめた。これは、「カリキュラム開発者」の役割において用いたカテゴリーと同じである。また、「ゲートキーパー」としての役割に関わる教師教育者の専門性の開発に関する先行研究がなかったことも、「カリキュラム開発者」としての役割と共通している。

4.6.1 | 役割と行動
多様なアプローチと実践

先行研究から、以下の3つの要素が浮き彫りになった。詳しくみていこう。

（1）スタンダードと評価表

先行研究をみると、教師教育者が学生を評価する際に用いる指標は何らかのスタンダードや評価表によって組み立てられていることがわかる。デランドシアとエランズ、ストルーヴェンとデ゠メイストは、こうしたスタンダードや評価表はコンピテンシーを測定するためのものであり、この評価方法はここ数十年間でますます広がってきているコンピテンシーを重視する教育観に根ざしたものであることを論じている（Delandshere & Arens, 2003; Struyven & De Meyst, 2010）。スタンダードや評価表に提示されたコンピテンシーを獲得させるため、学生にどのような

サポートを与えるべきかという問いは、教師教育者と教師教育機関に委ねられている。ストルーヴェンとデ=メイストによれば、この課題に関する議論はアクティブ・ラーニングを強調する構成主義の考え方による影響を大きく受けているという（Struyven & De Meyst, 2010）。ストルーヴェンらは、フランダース地方の51人の教師教育者を対象に調査を行い、幅広いコンピテンシーがある中で、それらをどのようなアプローチでどの程度の水準まで獲得させようとするかは、それぞれの教師教育者によって非常に大きな隔たりがあることを明らかにしている。そして結論として、評価の手順の質については見直す余地があることが多いと指摘し、この実証研究の根底にある事実について次のように述べている。

　　実際、コンピテンシーを測定する〈信用度の高い〉方法というのは重要な問題である。なぜなら、［コンピテンシーを基盤とした評価においては］包括的なアプローチによる、仕事に直結する形での、知識とスキルと姿勢を統合した測定が目指されるからである。（p.1507）

　グブウとヤンがアメリカで実施した研究は、高等教育機関で教えるその他の教員に比べて、教師教育者には構成主義に則る評価方法（例えば、エッセイやレポートの執筆、学生同士のフィードバックなど）を用いる者が著しく多いことを実証している（Goubeaud & Yan, 2004）。しかし、教師教育者は伝統的な評価方法も用いている。多肢選択問題などのそうした評価方法を用いて、学生が求められる基準に達成しているかどうかを判断しているのである。

（2）ポートフォリオ
　アクティブ・ラーニングに対する構成主義的な見方の影響により、教師教育の分野におけるポートフォリオの使用が増えている。アクティブ（主体的）な学習への取り組みに寄与するだろうという見込みのもと、学生はポートフォリオの作成を指示される。こうした傾向を背景に、教師教育者が担う「ゲートキーパー」としての役割に関する研究のいくつかは、ポートフォリオの評価に焦点を当てたものであった。これらの研究は、ポートフォリオの内容として何を記載するべきか、ポートフォリオ

を用いた評価の信頼性や妥当性はどうか、そして評価の目的は何か、といったことに関して多くの混乱が起きていることを示している（Delandshere & Arens, 2003; Granberg, 2010; Smith, 2007, 2010; Tillema & Smith, 2007）。

　ティレマとスミスの研究は、この混乱を引き起こしている重要な要因が、教師教育者が担う「コーチ」としての役割と「ゲートキーパー」としての役割との間に起きるジレンマにあると論じている（Boote, 2003も参照）。教師教育者は、個々の学生の発達プロセスを評価するのに厳しい合否基準は適さないと感じている。とはいえ、総括的評価[15]を行うことは、十分な力量を持たない教師を学校に送り出してしまわないよう教職を守るうえで必須でもあり（Smith, 2007）、「ゲートキーパー」としての役割からすると無視できない。ティレマとスミス、グランベルクの研究は、教師教育者がどれほどポートフォリオを重視するのか、そしてそれを通して形成的評価[16]を行うのか総括的評価を行うのかは、人によって大きく異なることを示している（Tillema & Smith, 2007; Granberg, 2010）。ティレマとスミスはノルウェーとオランダの教師教育者を対象に調査を行い、ポートフォリオが発達を促すための道具とみなされるとともに、信頼を置ける評価の手段とも捉えられていることを明らかにした。ポートフォリオ提出後にどのような形で学生にフィードバックが与えられるのか、そしてどのような形で評価がなされるのかは、ケースによって多岐にわたる。同研究では、ポートフォリオの活用方法について35人の教師教育者に調査を行った。さらに、学生が作成した実際のポートフォリオ資料を14人の教師教育者に渡し、それぞれの評価と合否基準の使用の度合いを比較した。明らかになった衝撃的な結論について、ティレマらは次のように述べている。

　　最も衝撃的な結果の1つは、ポートフォリオの質を検討する合否基準が明確でなく、しかもそれが評価者の間で共有されていないことである。どのような評価を与えるかについても、評価を決める際にどのような基準を用いるべきかについても、全くといってよいほど考え方に共通点がないのである。すなわち、提出したポートフォリオをもとに学生が受ける評価はきわめて主観的なものである。与え

られる評価は、評価者が誰であり、どのような志向性を持っている
かによって左右される。(p.453)

　デランドシアとエランズが行った、教師教育を行うアメリカの3つの
大学でのポートフォリオの活用に関する研究は、ポートフォリオを総括
的評価の対象としているケースに焦点を当てたものである（Delandshere
& Arens, 2003)。同研究によれば、ポートフォリオは就職活動において有
効であるという。また、研究に協力した教師教育者たちは、ポートフォ
リオの質が教師教育プログラムそのものの認証評価において重要な意味
を持つことを強調している。対照的に、学生たちはポートフォリオを形
成的に評価することの意義（教えることの意味についての理解を深め、周囲か
らフィードバックを得るための手段としての意義）が、スタンダードとの合致
を目指しすぎるがゆえに見失われてしまうことを懸念している。

(3) 学校実践の評価

　ストルーヴェンとデ=メイスト、スミスは、教師教育者が担う「ゲー
トキーパー」としての役割をもう1つ指摘している（Struyven & De
Meyst, 2010; Smith, 2007, 2010)。すなわち、教師教育プログラムの中核的
な要素である、学校での実践の評価に関わる役割である。スミスは、こ
の学校での実践の評価の対象はパフォーマンスなのか、それともコンピ
テンシーか、という問いを提示している（Smith, 2007)。コンピテンシー
とは知識、スキルと姿勢を統合したものであると考えるなら、これらを
評価するのに観察だけでは十分とは言えない。加えて、教育実習生とし
て学生が学校で発揮する実践的なパフォーマンスを観察することは、コ
ンピテンシーを基盤としたスタンダードに基づく評価においてどのよう
に位置づけられるのか、という問いにも答えなければならない。

　近年、多くの国においてみられるように、教師教育における責任は教
師教育機関から学校へと移行しつつある。これに伴い、とりわけ教師教
育プログラムの一部をなす学校での教育実習について、指導教諭や学校
ベースの教師教育者が評価に対して負う責任もますます重視されるよう
になっている。スミスは、学生の評価に対する指導教諭の影響力を分析
し、いくつかの発見を示している（Smith, 2007)。1つは、実践の場にお

ける学生の行動について指導教諭がフィードバックを与える際に、どのような側面に注目するべきか、また、学生はどのようなレベルにまで達成するべきかということに関して、指導教諭と学生の間に合意があるとは言えない、という発見である。スミスはこの点について、次のように記述している（Smith, 2007）。

> 評価に関する問いや課題のすべてに対してエビデンスに基づく回答を用意しようとするなら、すべての教師教育者を巻き込んだ議論が必要となる。学校と大学の間の密な協力関係も必要だろう。教師教育に対する責任を共有すると胸を張って言えるようなパートナーシップに基づくプログラムを築くためには、互いの信頼と、評価への責任をどのように共有するべきかに関する完全な理解を育むことが重要であり、それには密接な協力関係が求められる。(p.284)

重要な特性

　教師教育者が担う「ゲートキーパー」としての役割に関する先行研究は、わずかしか見つかっていない。それらをもとに、「ゲートキーパー」としての役割に関する1つの重要な特性を整理した。

1.　多様なアプローチと実践

教師教育者には、各学生が教職に就くことを認めるかどうかを決める際に、定まったスタンダードや評価表を用いることが期待されている。学生がこれらのスタンダードや評価表に適うように学ぶ方法を開発するのは教師教育機関の責任であり、機関によってその道筋は大きく異なる。学びに関する構成主義的な考え方の影響で、ポートフォリオは教師を目指す学生の評価に広く活用されている。ポートフォリオを用いた評価においてどこに焦点を置くのかは、形成的な評価として活用するのか総括的な評価として活用するのかによって異なってくる。しかし、総括的評価を行うことは、教師教育者が「ゲートキーパー」としての役割を果たすうえでは必須である。

教師教育における評価手順の妥当性や信頼性には、疑いの余地がある。これはポートフォリオを用いた評価についても同様であり、特に

学校での教育実習における学生のコンピテンシーの評価という点について言えば、問題はより深刻である。なぜなら、実習で発揮するコンピテンシーを評価する際には、評価の責任を指導教諭と他の教師教育者の間で共有しなければならないが、学生が達成するべき資質の基準についての考え方は教師教育者個々人によって相異なることが多いからである。何よりも、教師教育者は「コーチ」としての役割と「ゲートキーパー」としての役割をともに担わなければならないという状況に葛藤している。

4.6.2 | 専門性開発

先述の通り、「ゲートキーパー」としての役割に関わる専門性の開発について述べた先行研究は見つからなかったため、これを論じることはできない。

4.7 | 仲介者

「コーチ」「カリキュラム開発者」そして「ゲートキーパー」としての役割を述べたこれまでの節で議論した通り、学生（教育実習生）の教育において、指導教諭にはより一層の貢献が求められるようになっている。従来は、学校と教師教育機関との協力関係とは、教師教育機関ベースの教師教育者1人と、指導教諭1人、そして学生（教育実習生）1人によるやりとりを指すことが少なくなかった。また、この3者の協力関係の目的は、教育実習の期間中に限って学生にコーチングを行うことであった。教師教育プログラムの一部である教育実習の評価に、指導教諭からの助言が考慮されることは多かったが、最終的な判断の責任は教師教育機関ベースの教師教育者が1人で負うケースがほとんどだったのである。バロウとドレイパーが行ったケーススタディは、限られたやりとりの中で教師教育機関ベースの教師教育者と指導教諭が互いについて抱く印象が、間に挟まれる学生にとって問題を生みかねないことを明らかにしている（Bullough & Draper, 2004）。また、バロウは、教師教育機関ベースの教師教育者と指導教諭との間でどのように仕事や責任を分けるかが、指

導教諭のアイデンティティを形づくることを論じている（Bullough,
2005）。例えば、この研究でケーススタディの対象となった女性の指導
教諭は、交流や愛着といった側面に焦点を当て、探究よりも思いやりを
重視するアイデンティティを形成していた。

しかしながら、こうした状況は急激に変化してきている。指導教諭は
カリキュラム開発やプログラムの一部の実施、そして学生（教育実習生）
の評価に対して共同責任を担うことになっている。「コーチ」であるだ
けでなく、指導教諭は「教師の教師」「カリキュラム開発者」「ゲート
キーパー」、そして「研究者」にもならなければならない。指導教諭は、
学校ベースの教師教育者となるのである。こうした変化に対応するため
には、適応、協議、共同的な学びの機会が必要となる。結果として、こ
れらのプロセスを牽引することのできる教師教育者の存在が求められ
る。ヒ（He, 2009）は、学習者コミュニティの中で発揮されることが多
いこの役割を〈仲介者〉と名づけた（Wenger, 1998*）。

この役割とそれに伴う行動に関する先行研究は12本見つかった。し
かし、この役割とそれに伴う行動に関する専門性開発について論じてい
るものは1本しかなかったため、専門性開発については結論を導き出す
には至らなかった。

4.7.1 ｜ 役割と行動

先行研究をみてみると、教師教育者が担う「仲介者」としての役割
と、その遂行に伴う行動を定義づける要素は3つに整理することができ
る。これらを2つのカテゴリーに分類する。

Ⅰ．協力関係を築く目的
Ⅱ．「仲介者」のコンピテンシー

I.　協力関係を築く目的
（1）焦点の中心に学生を置く

学校と教師教育機関との協力関係をより緊密なものにすることの第1
の目的は、教職に就く学生により万全な準備をさせることにある。マー
ティンらはセルフスタディを実施し、「仲介者」としての自身の役割の

特徴について次のようにまとめている（Martin et al., 2011）。

> 学校はただ大学の期待に沿うように学生を指導する、という協力関係から、大学教員と小中高校の教師とが同じ目標に向かって働くという協働関係への移行に寄与する学校と大学の交流を生み、深めるための重大な役割（p.308）

　ルコルヌは、教師教育機関ベースの教師教育者と学校ベースの教師教育者によって構成される学習者のコミュニティをつくり、焦点の中心を学生の学びに置いて、教師教育者の役割観を最もふさわしい形につくり変えることを提案している（Le Cornu, 2010）。教師教育機関と学校の教師教育者の間の調整を行うことで学生へのサポートをより厚くすることの必要性は、他の研究でも語られている（Bullough & Draper, 2004; Bullough, 2005; Hall et al., 2008）。

（2）集団体制をつくる

　エリクソン、ブランデス、ミッツェル、ミッツェルは、教師教育者と教師の共同的な学びに関するモデルを開発したオーストラリアのプロジェクトと、カナダで展開された同様のプロジェクトを分析した（Erickson, Brandes, Mitchell, & Mitchell, 2005）。ここで明らかになった成功のための重要な要因は、安全な環境で長期間をかけて築かれた関係性、出発点とゴールについての合意、参加者のニーズを議論に取り入れること、参加者の多様性への配慮、活用可能な時間と手段である。

　バロウ、ドレイパー、スミス、ビレルの研究は、協力関係を築くプロセスを、組織管理上の問題やモチベーションに関する問題として捉えるのではなく、アイデンティティの形成と関係性の構築のためのものと考えるべきであると述べている（Bullough, Draper, Smith, & Birrell, 2004）。また、エリクソンらは研究の結果として、次のように論じている（Erickson et al., 2005）。

> こうしたプロジェクトが目的を達成できるかどうかは、次の要素にかかっている。

4.7 | 仲介者　103

(a) どのような授業実践が優れた教育や学びを生むのかに関する共通理解

(b) 教師がプロジェクトに深く携わり、決定権を持ち、方向性を判断することができている状況

(c) 教師と教師教育者が信頼と相互理解が広がる雰囲気のもとで定期的に集まることができる仕組み（p.787）

グラハムは、教師教育機関ベースの教師教育者と学校ベースの教師教育者に共通するアイデンティティを形成することは、自明の事実ではないと強調している（Graham, 1998）。両者は異なる事柄に焦点を当て、異なる仕事のペースと文化を持ち、異なるヒエラルキーに置かれ、異なる環境を背景に持つ。グラハムの研究では、研究に協力した教師教育者らはそれぞれに「仲介者」としての役割を活発に発揮した。その結果、より深い相互理解とより強固な関係性が築かれたという。また、マーティンらは複数のセルフスタディを実施し、学校の世界、教師教育機関の世界、そして学生（教育実習生）の世界をよりうまくつなぐにはどうすればよいかについて考察した（Martin et al., 2011）。結論として、学校ベースの教師教育者と教師教育機関ベースの教師教育者で「第3の空間」をつくることが複雑なネットワークをつなぐうえで重要であると論じている。

II. 「仲介者」のコンピテンシー
(3)「仲介者」としての役割を形づくる

キャロルは自らセルフスタディを実施し、「仲介者」として行うべき重要な活動は、あるテーマや問いに全員の注目を集めること、思考の言語化をサポートすること、そして共通の思いや成果を整理してとりまとめることだと論じている（Carroll, 2005）。また、人を引きつけ対応力に富んだリーダーシップが重要であることも示している。研究結果は次のようにまとめられている。

私は（中略）探究志向の専門家としての学びを促すために必要なリーダーとしての資質とスキルに着目した。そして実践の素材の開発、分析作業の立案、思考を言語化しようとする試み、探究を促す

ための会話の流れの調整といった自分が果たした役割について分析した。すべてを考え合わせると、これらはリーダーシップの諸側面であり、これらの役割を担うに十分な経験や能力を持つ人材を育てるうえでの課題に目を向けることとなった。(p.472)

　ヒは、意思決定を促すためには「仲介者」のコミュニケーションと交渉のスキルも必要になると指摘している (He, 2009)。デイビーとハムは、自身が指導教諭と一緒に行った協働的なセルフスタディから、指導教諭が研究のプロセスと進捗に注意を払い、関係性、安全な環境とポジティブな雰囲気に配慮することが重要だと結論づけている (Davey & Ham, 2010)。

重要な特性

　上述の結果は、教師教育が担う「仲介者」としての役割と、その遂行に伴う行動に関する2つの重要な特性を浮き彫りにしている。

1.　協力関係を築く目的

先行研究によれば、学校と教師教育機関の協力関係がどのような目的を持っているのかという点に関しては、広く認識された合意があるという。そして、こうした協力関係を築くうえで必要となる「仲介者」の役割が果たすべき目的も、共有されている。すなわち、相異なる背景や職業文化を持つ教師教育者たちが協力関係を結べれば、学生の学びをよりうまく促すことができると考えられているのである。「仲介者」は、学校ベースと教師教育機関ベースの教師教育者が同じビジョンを描き、同じアプローチやアイデンティティを形成することができるよう、第3の空間をつくり上げるべきであろう。

2.　「仲介者」のコンピテンシー

教師教育者が「仲介者」としての役割を担うには、専門家としての行動をとるためのコンピテンシーが必要となる。例えば、あるテーマに全員の注目を集中させる、共同で達成した成果を言語化する、関係性に配慮する、探究を促す、などが挙げられる。

4.7.2 | 専門性開発

「仲介者」としての役割に関わる専門性の開発について論じた先行研究は1つしかない。バロウ、ドレイパー、スミス、ビレルの研究である(Bullough, Draper, Smith, & Birrell, 2004)。ここでは「専門家としてのアイデンティティの発達」のプロセスが強調されている。なぜなら、新たな協力関係や関係性を構築するには、関わるすべての者が専門家としての自身の既存のアイデンティティを揺さぶられることを受け入れなくてはならないからである。しかし、この研究だけでは、教師教育者の「仲介者」としての役割に関する専門性開発の重要な特性を整理するには不十分である。

第5章
結論と考察──研究と実践への提案

5.1 | 要約と結論

　この節では、本先行研究レビューの要約を示す。

　第1章では、1990年代に、教育界において教師教育者という重要な役割に対してより多くの注目が集まるようになったことについて論じた。これ以降、教師教育者についての研究、そして教師教育者による研究が多く手がけられるようになった。しかし、この分野の研究はかなり散逸したままであり、教師教育者の専門職としての役割について国際的にも広く知られていることを研究に基づいて整理しようという試みはなされてこなかった。本書の目的は、先行研究を分析してまとめることでこの手つかずだった作業を行い、以下のリサーチ・クエスチョンへの回答を導こうとするものである。

1. 教師教育者の専門職としての役割はどのようなものか
2. 教師教育者の専門職としての役割と、それに伴う行動を決定づける重要な特性とは何か
3. 教師教育者の専門職としての役割と、それに伴う行動に関する専門性開発を決定づける重要な特性とは何か

　第2章では理論的枠組みを述べた。そこでは、教師教育者を次のように定義した。「専門性開発を支援する目的で、教師（を目指す者）を教え

たりコーチングしたりするすべての者」。専門職としての役割［本書では
しばしば「専門職としての役割」を「役割」と言っている］は、次のように定義
した。「その人が働く場から求められるものに基づいた、及び体系的に
組み立てられた伝達可能な知識基盤に基づいた、自分自身の立場につい
ての解釈」。専門職としての行動は、次のように概念化した。「専門職集
団の価値観や規範を示す、体系的に組み立てられた伝達可能な知識基盤
に基づいた行動」。ここで重要な特性と言えるのは、専門職としての役
割と行動の質を決定する特性、あるいは役割や行動に関する教師教育者
の専門性開発の質を決定する特性である。

　第3章では、本書の研究方法を方向づけたランドルフによる8つの方
法論的ステップについて詳述した（Randolph, 2009*）。筆者らは「教師教
育者」「教員養成指導者」「指導教諭」というキーワードを用いて、Web
of Knowledge、Science Direct、Tandfonlineで検索をかけた。本研究で
用いることにしたのは、ISI（Institute for Scientific Information, 科学情報研究
所）、あるいはICO（Dutch Interuniversity Center for Educational Sciences, 教育
科学のためのオランダ大学共同センター）によって認定された学術誌上で
1991年から2011年の期間に公表された、教師教育者に焦点を当てた論
文に限定した。

　先行研究レビューの草稿は、教師教育や教師教育者について研究して
いる研究者の国際的なコミュニティに所属する7人の「批判的な友人」
によって査閲された。このことによって、ここで用いた研究方法が妥当
であることの確認と、研究成果の裏づけが多くの点でなされた。2、3の
点についてのコメントを受けて、文意の通らない箇所を修正し、文献を
追加し、結論の構成を微調整することができた。

　そうして最終的に、筆者らは上記のリサーチ・クエスチョンに関連す
るであろう137本の研究をまとめるに至った。それらは本書の付録に掲
載されている。これらの大半は2000年以降に実施されたものであり、
大部分は北米、オーストラリア、ヨーロッパの一部、イスラエルで発表
されたものである。小規模な質的研究が大半であり、多く用いられた研
究方法はケーススタディ、セルフスタディ、インタビュー調査であった
（これら3種類の研究方法でなされた論文を合計すると、137本の研究の実に58%を占
める）。質的研究は概して規模が限られており、研究におけるリサーチ・

クエスチョンはきわめて多岐にわたるため、統計的メタ分析は不可能であると判断した。

第4章では、研究の成果について論じ、(リサーチ・クエスチョン1に対する答えとして) 教師教育者が担う6つの役割を特定した。以下に、リサーチ・クエスチョン2と3への答えを、それぞれの役割ごとに記述する。

教師の教師

「教師の教師」という役割について論じた論文は68本であり、主に教師教育者のペダゴジカルな行動を論じていた。「教師の教師」という役割と、この役割における行動の重要な特性は以下の通りである。

1. 一段階上の教授

「教師の教師」は、学校で児童生徒を教えるのではなく、(将来の) 教師を教える。これはつまり、教師教育者は高等教育で学ぶ成人に対して自分の行動を適応させていかなければならないことを意味し、ゆえに成人学習 (の促し方) についての知識が必要とされる。例えば、実践知を明示化し、理論知を実践に組み込むことができることが望ましい。

2. アクティブで自律的な学習の促進

「教師の教師」は学生の有意義でアクティブな自律学習を促進させる能力を備えているべきである。教師教育者は一般にこの見解を共有しているが、その実現は容易ではなく、しばしば不十分に終わる。

3. 明確なモデリング

教師教育者は、初等中等教育の教師とは役割も持ち場も異なるが、教師にとっての手本である。したがって、教師教育者は効果的な指導について優れた事例を示し、その手本となる行動を明示し、そして自分の行動を理論的に裏づけることができなければならない。一例を挙げると、教師教育者は、教育実習生の情緒的発達を支援できるようになるためにまず自分自身の感情をふり返り、そうした感情を明示できることが重要である。このような明確なモデリングを行うことは教師教

育者にとっても困難であるとみえ、ほとんど実行されていない。

4. 葛藤とジレンマへの対処
ある状況において生じる葛藤にうまく対処するために、教師教育者は
しっかりとした理論的知識、経験、そして賢明な判断を下す能力（実
践知）を持っている必要がある。複雑な状況の中で正しいバランスを
目指し続けることで、教師教育者は「教師の教師」という役割を果た
し得るのである。

「教師の教師」という役割とその行動に関する**専門性の開発**における
重要な特性は、以下の通りである。

1. 周辺環境
専門職スタンダードや知識基盤といった準拠枠の存在は、「教師の教
師」としての教師教育者の専門性開発に方向性を与え、自己効力感を
増進させるために重要である。

2. 教師教育者としての個人的資質の形成
学習意欲、教科教育や学生への関心など、教師教育者が持っている個
人的資質は重要である。加えて、もし教師教育者がすでに持っている
知識や経験をもとに専門性開発が行われたり、知識と経験のギャップ
を埋めたりできれば有用であろう。

3. サポート
仲間から学ぶこと、また仲間とともにインフォーマルに学ぶことは有
益である。研究会や学会、そして学習者コミュニティの中でピア・
コーチングを通して学ぶこともまた有益である。経験の浅い教師に対
する指導教諭のサポートは、かなりまとまりのない形で行われてい
る。固有の専門職であることを考えれば、教師教育者の学習の過程は
研究対象にされるべきなのだが、そのような過程の成果を扱った研究
はほとんど見当たらない。

4.　研究

自らの実践について研究を行うこと（セルフスタディ）は、「教師の教師」という専門職としての役割と行動に関する専門性開発の質を高めることにつながる。

研究者

「研究者」という役割に関しては、26本の研究が論じていた。世界的に、教師教育者は研究をすべきであるという意見の一致がみられている。しかしながら、教師教育者は「研究者」の役割に悪戦苦闘しているようであり、この認識は実際には自明のものではない。「研究者」の役割と、この役割における行動の**重要な特性**は以下の通りである。

1.　「研究者」の役割を自覚する

教師教育者はこの役割を自覚しなければならないが、「教師の教師」の役割の優先度を高くしようとする傾向が見受けられる。そのうえ、「研究者」の役割に何が含まれているかが不明確である場合も多い。

2.　「研究者」の役割を実践する

研究に充てられる時間や研究上必要な情報へのアクセスなど、現実的な課題にはもっと注意が向けられるべきである。そして、教師教育機関内における十分な支援の提供や、研究文化の創出を重要視すべきである。

3.　研究の焦点

研究の焦点として、次の3つのトピックが挙げられる。すなわち、教科教育、初等中等教育、そして教師教育者自身の教育実践である。教師教育者が自らの実践について研究を行うには、研究方法をより明確にして心理的障壁を取り除くことが必要なようだ。この点では、方法論に関するガイドラインが役に立つ。

「研究者」の役割とその行動に関する**専門性の開発における重要な特性**は、以下の通りである。

1. 周辺環境

研究についての適切な考え方を共有し、求められていることとやらなければならないことを明確にし、多様な形の支援と協働の機会を設けることで、研究を行いやすい環境をつくることが重要である。

2. 教師教育者 – 研究者としての自身の属性

個人的資質を高めることと、研究のあり方に関する視野を広げることに注力することが重要である。

3. 研究者としてのキャリアを始め、歩み続けるためのインセンティブ

研究を発表する、所属機関の中で報告する、賞などの見返りを得る、などは重要なインセンティブとなる。

コーチ

「コーチ」としての教師教育者（学校の場合は、学校現場のファシリテーター）の役割について論じている研究は25本あった。それらは大学と学校の両方で取り組まれている教育実習生への成長支援を扱っている。コーチとしての教師教育者は教師教育における重要な要素であるということについて、先行研究では、ほぼ意見が一致しているようだ。

「コーチ」の役割と、この役割における行動の**重要な特性**は以下の通りである。

1. 学校現場のファシリテーターとしての業務

学校現場のファシリテーターは、経験の浅い教師にアドバイスをし、学校での教育実践を経験させるだけでなく、鋭い質問を通して、特定の学校や地域の文脈を超えた議論とリフレクションを促すべきである。しかし、先行研究は、学校現場のファシリテーターはこれを十分には行っておらず、自分の指導の際の行動やその根底にある考えもほとんど明確に伝えていないことを示している。このことから、学校現場のファシリテーターの育成にあたっては、仕事をより広く捉えていくことが必要とされる。

2.　教師教育機関ベースのコーチとしての業務

教師教育機関ベースのコーチは、「コーチ」の役割と「教師の教師」の役割との間のバランスを見つけるべきであり、また学校現場のファシリテーターの業務と自分たちの業務の境界をはっきり定めるべきである。さらに、「心を砕くセラピスト」の役を避けて、議論や批判的なリフレクションにより焦点を当てるべきである。

「コーチ」の役割とその行動に関する**専門性の開発**における**重要な特性**は、以下の通りである。

1.　目的と周辺環境

学校現場のファシリテーターが教師教育において果たす役割は増大し、役割の質も学校ベースの教師教育者としてのものへとかなり大きく変化している。新しい役割を担うようになる中で、学校現場のファシリテーターは経験の浅い教師に対して、学校での教育実践を経験させるだけではなく、リフレクションや研究、そして実践場面で下した選択の理論的な裏づけにおいても支援できなければならないのである。こうした目的があるため、学校現場のファシリテーターは研究志向の態度を身につけなければならない。また、その適切な専門性開発を実現するためには、学校と教師教育機関の間の強いパートナーシップが重要である。

2.　サポート体制

学校現場のファシリテーター向けの研修コースと、自身の実践についての探究と研究を志す（ための指導が提供される）学習者コミュニティへの参加は効果的である。

カリキュラム開発者

教師教育カリキュラムの開発は、教師教育者の重要な仕事であるとともに、多くの研究が目指すところである。しかし、「カリキュラム開発者」としての教師教育者の役割に関する論文は14本しか見つからなかった。研究論文の数が少ないことから、ここでは1つの重要な特性を

まとめるだけにした。また、この役割やそれに伴う行動に関わる専門性の開発については、該当する研究論文は1本もなかった。

「カリキュラム開発者」の役割と、この役割における行動の**重要な特性**は以下の通りである。

1. 多様なアプローチと実践
先行研究は、「カリキュラム開発者」の役割とその遂行に伴う行動に関して、多くの指針を示している。そのため、個々の教師教育者にとっては、どこから手をつけていいかわからない状況となってしまっている。「カリキュラム開発者」としての役割は、その人を取り巻く状況と社会政治上の議論によって決定される。残念なことに、教師教育者はカリキュラム開発の方向性を決める立場というよりも、流れについていく立場となってしまっているようにみえる。ここ数年は、教師教育カリキュラムの開発を学校との協働で行うことに大いに注目が向けられてきた。しかしながら、目的を明確にするところから始めるような体系立ったカリキュラム開発は、例外的であるようだ。

ゲートキーパー
「ゲートキーパー」の役割において、教師教育者は教職への入り口を見張る門番である。この役割について書かれた論文は、わずか7本しか見つからなかった。そのため、この役割に関する重要な特性は1つしか提示することができない。また、ゲートキーパーの役割とそれに伴う行動に関わる専門性の開発についての記述がある研究論文は1本もなかった。したがって、ここではゲートキーパーの役割における専門性開発の重要な特性を挙げることは避ける。

「ゲートキーパー」の役割と、この役割における行動の**重要な特性**は以下の通りである。

1. 多様なアプローチと実践
一般的に、教師教育者は教職者向けに定められたスタンダードと評価表を使用する。しかし、これらの基準を満たす方法を学生が学ぶための筋道は、状況によって大いに異なってくる。ポートフォリオは、形

成的評価あるいは総括的評価の手段として使用されることが多い。し
かし、ポートフォリオの評価の妥当性と信頼性には疑いの余地があ
る。また、コンピテンシー評価も、とりわけ評価基準について個々の
学校現場のファシリテーターで解釈が異なる場合が多いために、妥当
性と信頼性は疑わしい。教師教育者は「コーチ」の役割と「ゲート
キーパー」の役割が組み合わせられた立場に苦闘している。

仲介者

教師への教育に対する学校現場のファシリテーターの関わりが増えつ
つあるため、「仲介者」という役割を担い、教師教育機関と学校の間の
密接な協力関係を実現して、プログラムに一貫性を持たせることができ
る教師教育者が求められている。「仲介者」としての役割と、その遂行
に伴う行動に関する論文は12本あったが、その中で専門性開発を扱っ
ていたのはわずか1本であった。それゆえ、仲介者の役割における専門
性開発のための重要な特性をまとめることはしない。

「仲介者」の役割と、この役割における行動の**重要**な**特性**は以下の通
りである。

1.　協力関係を築く目的
学生が教職に就くまでの準備をよりよい形で行っていくために、異な
る背景を持ち、異なる環境で働く教師教育者間の協働を促すことが、
「仲介者」という役割の目的の中心であるということは、広く受け入
れられている。この目的を実現するために、「仲介者」は、学校と教
師教育機関で働く教育者たちによるビジョン、アプローチ、そしてア
イデンティティの共有を促進するべきである。

2.　「仲介者」のコンピテンシー
「仲介者」の役割を担うにあたっては、特定のコンピテンシーを必要
とする専門職としての行動をとらなくてはならない。そのコンピテン
シーとは、関係性を築く力、あるテーマにともに向き合うために関係
者の目をひとつの方向性に集める力、得られた成果をまとめ上げる
力、協働への参加姿勢を促す力、などである。

5.2 ｜ リフレクション

5.2.1 ｜ 研究方法についてのリフレクション

　先行研究レビューに割いた時間と検討した文献の量はよいバランスがとれたと自負しているが、用いた研究方法については批判的なコメントもいくつか受けた。

　3つの検索エンジンを使って揃えた研究論文の数を調べてみると、それぞれの検索エンジンが100本以上の新しい、そしておそらく本研究のテーマに関連しそうな論文を見つけた計算になる。したがって、さらに別の検索エンジンを使えば、より多くの研究論文を揃えることができたのかもしれない。しかしながら、筆者らは「概念的飽和」という基準に準拠して、検索エンジンを増やさないという選択をした。つまり、抽出した研究論文の約3分の1の内容分析が終わった時点から、役割や重要な特性についての新しい発見がない状態になったので「概念的飽和」状態にあると判断したのである。ただ、もしさらに検索をしたなら、また別の発見が生まれていた可能性もある。

　3つの検索語句の選択にも、同様の制限が加わっている。この先行研究レビューが扱っている分野では、様々な専門用語が用いられており、用語ごとのつながりも深い。そのため、どの用語も、本研究にとって重要な意味を持つと考えられた。しかし、現実的な理由で、制限を加えざるを得なかった。とりわけ、「指導教諭（mentor teacher）」という用語を含めたのは、様々な点を考慮したうえでの判断である。もしもアメリカでより一般的に使われている「受入教員（cooperating teacher）」という用語を用いていたら、おそらく他にも多数の研究論文を抽出できていただろう。その場合、研究結果がアメリカの実情に強く影響されるという不都合が生じる一方で、本研究では導き出せなかったような新しい発見やいささか異なる分類化に至った可能性もある。とにもかくにも、この先行研究レビューにおける各テーマにおいてどのような研究結果がみられるかは、検索語句の選択の影響を部分的に受けているし、地域性などの「バイアス」がかかることを極力避けようとしたものの、抽出された研究がどのような文脈のもとにどこの国で実施されたのかということにも

影響を受けていることは否定できない。とはいえ、批判的な友人からのフィードバックを求めることを含め、ランドルフが提唱した8つのステップを厳格に適用したおかげで、本研究の結論は正当性と信頼性がともに保証されていると信じている。

　文献抽出の際には、教師教育者が研究の対象となっている研究のみを選んだ。例えば、ある分野における効果的なペダゴジーに関する研究やカリキュラム開発に関する研究は、「教師の教師」の役割や「カリキュラム開発者」の役割が主要な論点になっていない限り、本研究には含めていない。もちろん、本研究の対象外とした研究の中にも、教師教育者の行動のガイドラインや専門性開発のための指針を示すような研究が存在する可能性はある。ただし、この先行研究レビューにすべての研究を含めることは、実質的に不可能だった。特に「カリキュラム開発者」や「ゲートキーパー」の役割については先行研究が比較的少なかったことを述べたが、それはもしかすると、このような基準で研究対象となる先行研究に制限をかけたことが原因かもしれない。

　最後に、先行研究の分析と統合の作業においては、ISIまたはICOに認定された学術誌に掲載された研究論文に対象を限定した。また、これらの学術誌から抽出された論文のうち、いくつかをさらに研究対象から取り除いた。これは、研究で用いられている方法論の質があまりにも低すぎると思われたからである。加えて、書籍も一括して含まない方針をとった。なぜなら、博士論文が書籍化されたものを除いて、書籍に収められた研究論文の質を評価することは難しい場合が多かったからである。例外的に参照した書籍は、研究対象の論文とは別の参考文献として載せてあり、参照する際にはアスタリスク（*）をつけた。もちろん、研究対象からはずした研究の中には取り込むべきものもあったかもしれない。そうすることで、別の視点を取り入れることも可能だったのかもしれないが、現実的な理由から、ここに一線を引かなければならなかった。この選択については、第3章でできる限り詳しく説明している。

5.2.2 ｜ 様々な役割（に伴う行動）に関する発見についてのリフレクション
　この項では、研究によって明らかになった様々な役割（に伴う行動）に関する事実について特に記述する。

教師の教師

「教師の教師」という役割にはペダゴジーに関する多くの専門知識が要求される。この役割を担ううえでの行動と、ペダゴジーに関する基本原理や、理論の理解という2つの側面において発揮されるべき知識である。さらに、教師教育者はそれらの原理や理論を学生に明確に示しながら、自らの行動で実演・実証すること（明確なモデリング）が望ましい。なぜかというと、教師教育プログラムに参加している学生が、それらの理論や原理を、教師としての実際の仕事の中で活用できるようにすることを目指すからである。先述のように、このことは、教師教育者に例えば以下の3つのことを要求する。成人学習に関する知識を持つこと、学生のアクティブで自律的な学習を促せること、そして、あらゆる種類の葛藤とジレンマに対処できること。これはいずれも容易なことではないがゆえに、「教師の教師」という役割は複雑である。実際には、教師教育者が必ずしもこのような能力を有しているとは言えないし、また、それらが重要であるという認識すら持たない教師教育者もいる。このような状況で役立つことは、専門職としてのスタンダードの作成、専門職としての教師教育者に必要な知識基盤の充実、そして教師教育者の教育スキルの向上を支援する仕組みと登録制度の策定である（第6章も参照）。教師教育機関は、（すべての）教師教育者に対して実際に上述のようなスキルや知識を活用することを求めることも可能であるはずだ。しかし、今日に至るまで、一般的に教師教育者の専門性開発はただ本人の自由意思に委ねられてきた。同僚と指導し合うピア・コーチングや、ベテランの同僚によるコーチングの仕組みをよりしっかり体系化することも、教師教育者の専門性開発を前進させるだろう。最後に、「教師の教師」としての専門性開発を奨励し、専門職としての役割を根底で支える学問に教師教育者の関心を向けさせるためには、自身の実践を研究するという強力な手法（セルフスタディ）をより幅広く活用することが有用かもしれない。

研究者

「研究者」としての役割は、教師教育者の専門職化に多大に貢献するものである。この役割に焦点を当てた研究が多いこと、また、「研究者」

という役割と、それにふさわしい行動を習得する形での専門性開発を促す要因を扱った研究論文も比較的多いことは、嬉しい事実である。しかしながら、これらの先行研究は、教師教育機関レベルにおいて、研究者としての教師教育者の専門性開発の促進に「すぐ効く解決策」は存在しないと結論づけている（Murray, 2010, p.200）。その大きな理由は、研究者としての役割を遂行するには、教師教育者が専門職としてのアイデンティティを転換させる必要があり、そのようなアイデンティティの転換には時間がかかるからである。グリフィスらは、「一夜で研究者になる方法はない」と記述している（Griffiths et al., 2010, p.258）。それはかなり「時間のかかる旅」である。そのうえ、まっとうな研究とは何かということに関する高等教育界の見解と、少なくとも一部の教師教育者の見解やニーズの間には、埋まらない溝がある。

コーチ

　学生の学習プロセスを支えるコーチングは、教師教育者の仕事の重要な側面である。「コーチ」としての教師教育者の役割や行動（の専門性開発）に関する研究は、一般的に学校現場のファシリテーターに焦点が当てられている。教師教育機関ベースの教師教育者が担う「コーチ」としての役割に関する研究はほとんど存在しないばかりか、発見された数少ないそうした研究は、この役割が落とし穴になり得ることを示していた。この分野でのさらなる研究が求められると言える。

　教師教育機関と学校との連携を促進することが時代の趨勢のようだが、先行研究が示すところによれば、実際には、学校現場のファシリテーターはかなり現場に依存した見解を持ちがちで、自分の役割はただのアドバイザーであると定義していることが多いという。学習者コミュニティに参加したり、そこで研修を受けたりすることは、学校現場のファシリテーターがより広範な役割を持つことへの理解を広げつつ、専門性開発を行っていくための生産的な方法と思われる。

カリキュラム開発者

　コクラン゠スミスは、教師教育プログラムの根底にある基本原理について社会政治的に議論する役割を教師教育者は積極的に果たすべきであ

ると強調しているが（Cochran-Smith, 2006*）、実際にこのような役割を果たしている教師教育者はまれである。教えることに関する基本的な原理は、時代の流れを受けて絶えず変化しており、研究成果に裏づけされていることはほとんどない。教師教育者によるカリキュラム開発の実践に関する研究はほとんどなされておらず、「カリキュラム開発者」としての教師教育者の専門性開発について記した研究論文は1本も見つからなかった。しかし、上述したように、カリキュラム開発全般に関する研究や、教育内容に関する研究には、多くの蓄積がある。それらの研究は、カリキュラム開発者としての教師教育者の役割について検討する際の一種のガイドラインとなるかもしれないが、教師教育者の役割について明確に取り上げられていない限り、本研究には含めないこととした。

ゲートキーパー

　教師教育者には、教職の入り口で「ゲートキーパー」としての役割を果たすことが期待されている。教師教育者が担うゲートキーパーの役割に関する見解や、ゲートキーパーとしての役割を担ううえでのスタンダードの作成・活用について明確に議論している研究論文が1本も見つからなかったことは、注目すべきである。とりわけ、先行研究においては教師教育者がゲートキーパーとしての役割に悩んでいることが示されているため、なおさら重大な事態だと言える。ゲートキーパーとしての教師教育者には、必要なコンピテンシーを列挙したスタンダードの一覧に基づき、教師を総括的に評価することが求められる。一方で、教師教育者たちは、学生の学習過程に関する評価も含めたいと考えている。さらに、教師教育者たちが葛藤しているもう1つの点は、教師教育プログラムにおける授業や実習の多くが、観察に基づいた評価を課していることにある。コンピテンシーを評価するのであれば、スキルだけでなく、知識や姿勢・態度に関する評価も行うべきであるが、それらは含まれないことが多いのである。最後に、学校現場のファシリテーターが学生の評価に関して果たす役割は、たいてい曖昧である。教師教育者が果たすゲートキーパーの役割に関する専門性開発についての研究論文を1本も発見できなかったことは、まさに注目すべき事態なのである。

仲介者

　教師教育者が「仲介者」の役割を果たすようになったのは、比較的最近になってからである。この役割について記述している研究は数多くある一方で、この役割自体に関する研究はいまだほとんどなされていない。とはいえ、この役割の核心が何かについては、一般的に一致した見解があるようにみえる。すなわち、様々なバックグラウンドを持ち、教師を目指す学生の教育の質の向上を目指して多様な状況で働く教師教育者同士が協力し合う仕組みをつくることである。先行研究では、「仲介者」がその役割を遂行するために備えるべき資質がまず指摘されたが、学校での専門性開発に注目が集まっている現代においては、さらなる研究が急がれる。教師教育者の専門性開発に関する研究は、「仲介者」としての教師教育者の役割と、それに伴う行動に関する専門性の開発についても目を向けるべきだろう。現時点では、このテーマは先行研究からは欠落している。

見落とされた役割?

　最後に、本研究には、「オーガナイザー」あるいは「コーディネーター」と呼び得るような役割が登場しないことが明らかになった。一方で、多くの教師教育者が組織運営のための仕事やコーディネートの業務に多くの時間を費やし努力を重ねていることは事実である。コステルは教師教育者の仕事と能力に関する実証研究を行い、教師教育者の仕事において重要な仕事を以下のカテゴリーに分類した（Koster, 2002*）。(a) 教師教育に関する政策開発や専門性開発への参加、(b) 教師による教師のための活動づくりである。先行研究にオーガナイザーやコーディネーターのような役割が挙げられていなかった理由として、これらの役割は他の役割に包含されるもので、切り分けて分析することができないと考えられている可能性はある。「仲介者」の役割に関する研究にしか、教師教育者の行動が持つ組織的な側面や、その行動が及ぼす組織的な影響についての明確な記述はみられなかった。もう1つ考えられるのは、この役割がおそらく、教師教育者に特有のものではないから、という理由である。つまり、高等教育機関の教員なら誰でも、組織運営の仕事や調整役をある程度果たしているからである。最後に、単純な理由をもう

1つ挙げるとすれば、研究者はこの点を研究テーマとしてそれほど興味深く受け止めていないのかもしれない。

5.2.3 | 研究の現状についてのリフレクション

本先行研究レビューは、教師教育者とその仕事に関する数々の研究の間の溝を埋めるために、関連文献を分析・整理するものである。ここで整理した教師教育者の役割と重要な特性は、これまで文献の表面下に留まっていた知見を浮き彫りにしてくれる。重要な特性を整理することは、さらなる研究のため、実践のため、そして政策のためのガイドラインとなる。このように整理することでこの研究分野の現状が明らかになり、教師教育者、コーディネーター、政策立案者の支援につながるだろう。また、教師教育者の役割と重要な特性の一覧は、教師教育者の知識基盤を進化させ、教師教育者の専門性開発に必要な具体的な足場となる。それゆえ、本先行研究レビューはこの分野を前進させるものと考えている。

専門職としての経験により裏づけられた基盤の確立

ここで、批判的なコメントをいくつか付け加えたいと思う。この先行研究レビューで使用された文献を調べてみると、次の2つの結論が引き出された。

1. 文献は不規則に分布していて、焦点も多様である。概念的統一性だけではなく、研究の明確な方針、そして研究者同士の協働を促そうとする努力も欠けている。研究者が互いの研究の幅を広げようとした事例はまれである。
2. 信頼し得る量的研究がほぼ完全に欠如している。

1つ目の結論は驚きではなかった。なぜならば、それがこの先行研究レビューを実施した動機であったからだ。だからこそ本書は、散乱していた研究を分析・整理したという意味で、重要な進展を促すものだと言える。

教師教育者の専門職としての行動のための「経験により裏づけられた基盤」づくりは、すでに始まっていると結論づけることも可能である。しかしながら、その基盤の厚みは、現状では教師教育者の役割ごとに異なっている。本研究は、体系的で構造化された、応用可能な知識基盤のさらなる進展に重要な貢献をしているとはいえ、教師教育者が様々な役割を担う場面で自らの行動を方向づけるために利用できる、研究に基づいた確固たる土台をつくり上げるまでには到っていない。

多くの研究は、「教師の教師」という中心的な役割を扱っている。しかし、実際には、教師教育者の行動にはしばしば問題があることが先行研究に示されている。コクラン゠スミスとザイクナーが指摘するように、教師教育の充実に向けた具体的な戦略と教育学的アプローチを確立するために必要な、経験による強力な裏づけが欠如していることがその原因かもしれない（Cochran-Smith & Zeichner, 2005*）。

「研究者」の役割に関する研究は、制度的な政策と教師教育者の実践との間の溝を指摘している。この溝を橋渡しする方法に関する実証的研究はほとんどない。マレーは次のように結論づけている（Murray, 2010）。

> （略）難しい問題は、その他の多くの教育学部において、新しく研究者となった教師教育者が、実践家としての研究と、「認められやすい」「従来型の」研究成果とは何かという定義とを調和させようといまだもがいていることである。(p.206)

マレーによると、学校現場での学び、研究、個人の経験、そして教師教育の実践をつなぐ「学習と学問の新しい言語」を開発することが課題であるという。

「コーチ」の役割に関する研究のほとんどは、学校現場のファシリテーターに焦点を当てている。それらの研究は、この役割についてもまた、理想と現実の間に見過ごせない隔たりがあることを示している。学校現場のファシリテーターは、実際には主にその地域や学校のガイド（案内役）として、また実践に関するアドバイザー（助言者）としての役割を果たしている。一方で、理想的には、学校現場のファシリテーターは学校ベースの教師教育者となり、自身の教育実践と学生の実践をリフレ

クションしながら話し合う場をつくれるようになることが望ましい。先行研究では、専門性開発のためのいくつかの活動がそのような力の開発につながっていることが示されている。

　他の3つの役割に関しても、これまで検討したように、より多くの研究が必要である。「仲介者」の役割に関して言えば、経験により裏づけられた基盤づくりが始まりつつあるとは言えるが、現段階での基盤は強固なものではないと結論づけられる。「カリキュラム開発者」や「ゲートキーパー」の役割についても同様のことが言えるが、これらの役割に関しては、経験により裏づけられた基盤をつくるための具体的な材料を教師教育のカリキュラム開発や評価に関する研究（すなわち、教師教育者に焦点が当てられているわけではない研究）の中に見つけることができるのではないか、と期待できる。

　経験により裏づけられた基盤の充実について言えば、〈セルフスタディの動き〉の発展は重要であり、教師教育者による自身の実践に関する研究の数は増加している。しかしながら、この研究方法では、方法論における厳密さと深度、そして他の研究との関連性が時に失われてしまう。セルフスタディを実施している教師教育者は、「ひとつの物語を超えること」というロックランの言葉にもっと注目すべきであろう（Loughran, 2010*, p.223）。教師教育者の専門性をより高いレベルに持ち上げるためには、より質の高いセルフスタディが不可欠である。教師教育者－研究者は、この点でもっと協働し、互いの努力を結合することが有効だろう。

5.2.4 ｜ 研究と教師教育実践との関係についてのリフレクション

　教師教育者の多くは、厳格な理論的枠組みや、専門職団体が定めたスタンダードのもとに自分の行動を位置づけることなどできそうにないと感じていることを先行研究は示している（Snoek et al., 2011）。教師教育者のどのような行動がよい成果をあげるかについて、特定の役割においては先行研究で分析がなされているものの、教師教育者の実際の行動は必ずしもそれらの研究結果に一致していないことを筆者らは本研究の中で確認した。その理由としては、教師教育者がそのような研究について十分に知らないことが多く、理論的知識を増やそうという意識も薄いこと

が挙げられる。結論として、教師教育者という専門職の基盤としての学問を進展させることが重要であろう。これはここで整理した6つの役割すべてに言えることである。

研究と教師教育者の実践との接続は、今後かなり強化できるだろう。教師教育者の実践スキルに焦点を当てるだけでは不十分である。6人の教師教育者について詳細に研究したジョンは、次のように述べている（John, 2002）。

> （略）［6人の教師教育者］全員が、1つの教室で、あるいはいくつもの教室で教育実習生に実践を積ませるよりも、むしろ専門職としての判断と意思決定を行うための能力を向上させることで教師になる準備を積ませるべきだ、と主張した。彼らはまた、身につけたスキルの効果的な発揮よりも、洞察力、戦略的理解、批判的思考の訓練を大切にするべきだと述べた。さらには、最高に洗練されてはいるが場面場面で使えたり使えなかったりする道具的知識よりも、実践的な知恵を学生に蓄えさせることを強く望んでいた。（pp.336-337）

多くの教師教育者はこうした考えに同意すると思うが、この点においても、まだもっと多くの行うべきことがあることを本研究は示している。複数の論者が、体系的な新人研修プログラムを通して、自分にとって最適な行動を探し求める個々の教師教育者をサポートすることを支持しているのである。しかしながら、エビデンスに基づいた新人研修プログラムを開発するためには、方法論として、より確固とした体系立った研究を行う必要がある。先行研究をもとにマレーは、教師教育者にとっては自身の実践を研究するという発想を新人研修プログラムの中心に据えることが重要であると述べている（Murray, 2010, p.205）。セルフスタディはまさしく、研究と教師教育者の実践の間の強固な橋渡しとなるからである。その好例はイスラエルにあり、イスラエルでは、MOFET研究所の存在により、「研究者」としての役割における教師教育者の専門性開発に対する興味深い功績が築かれている。この事例からは、支援的な場をつくることが有効であるということがみてとれる。個々の教師教育機関内では、支援の場をつくることは必ずしも容易ではないため、イス

ラエルのように国家レベルで教師教育者の専門性開発のための仕組みを
つくることが有用である。また、これよりも実現しやすい事例としては、
教師教育者の研究活動の促進を目的とした、イングランドの7つの大学
間の協働関係が挙げられる。この仕組みは、個々の教師教育機関の枠を
超えて、これまで述べてきた重要な要素を積極的に形にする方法である
と言えるかもしれない（Jones et al., 2011［編集部注：原書ママ。Murray et al.,
2009 のことと思われる］）。

5.3 ｜ 提言

5.3.1 ｜ 今後の研究のための提言

　先行研究レビューをもとに、教師教育者が担うほぼすべての役割にお
いて、教師教育者の行動のための「経験により裏づけられた基盤」を構
築・強化していくことが必要であると結論づけられる。より進んだ研究
のために、以下のことを提言したい。

（1）一貫した研究プログラム

　これまでに発表されている研究はそれぞれ小規模で分散的であるた
め、教師教育者の専門職としての行動や専門性開発に関する統一的な研
究プログラムを構築することが重要である、というのが筆者らの最終的
な結論である。また、国際共同研究をますます進めていくことも重要で
ある。次に述べる、より具体的な提案がその方向を目指すプロセスの中
心になるだろう。

（2）教師教育者の専門職としての行動

　教師教育者の専門職としての行動について、より体系的な研究が必要
である。また、様々な役割における教師教育者の行動とこの行動を決定
づける重要な特性に関して、より多くの知識の蓄積も必要となる。この
分野の研究は、小規模で個々の研究が孤立していることが多いので、複
数の研究に一貫性を持たせることが急務である。特に、教師教育者の行
動が教師に及ぼす長期的な影響について分析する長期スパンの研究を行

うことが重要であろう。さらには、より大規模な量的研究も必要である。

(3) 専門性開発

　教師教育者の専門性開発に関しても、同様の提言をすることができる。教師教育者の専門職としての成長をサポートするのに何が効果的かということをはじめ、この分野ではほとんど何も明らかにされていない。教師教育者の専門性開発にとって望ましい活動（例えば、教師になるキャリアパスに必要な研修に参加したり、自身の実践を研究したりすること）と、そこで生まれる学びのプロセスや学習効果をより長期的に見つめ、両者の関係性を分析するべきだろう。先行研究の中には、教師教育者にとってまさしく有用なものや、実践にすぐ利用できるような知識を提示しているものもあるが、教師教育者は大抵こうした研究の存在に気づいていない。それゆえ、研究成果を教師教育者の日々の仕事に結びつけるには何が必要なのか、という課題に焦点を当てた研究も大切である。

(4) 実践に関する研究

　自身の実践に関する研究を行うことは、教師教育者の専門性開発に素晴らしい貢献を果たしており、国内外の教育機関においてこの種の研究を促進することが重要である。この点で、筆者らが先行研究から抽出した教師教育者の重要な特性は、こうした研究にとって望ましい環境の創出に役立つであろう。教師教育者によるセルフスタディ（すなわち、メタの視点に立つ研究）の評価に関する研究もまた必要である。

(5) 学校ベースの教師教育者と「仲介者」の役割

　学校ベースの教師教育は、社会全体にとって重要な意味を持つ。それゆえ、教師教育者が果たす「仲介者」としての重大な役割を扱った比較的新しい研究分野においては、どのような教師教育者の行動がこの役割を効果的に果たすことにつながるか、という問いに研究の焦点を当てるべきである。ここで言う「効果的」とは、「仲介者」としての役割における教師教育者の行動が教師の学習成果に影響を与えることを指す。また、この役割についての専門性開発に関する研究も必要である。

（6）「コーチ」「カリキュラム開発者」「ゲートキーパー」の役割に関する研究

　教師教育者の「コーチ」としての行動（とその効果）と、この役割に関する専門性開発の効果的なあり方についても研究がなされるべきである。そのような研究は、教師教育機関ベースの教師教育者と学校現場のファシリテーターの両方に焦点を当てるとよい。特に注目すべき問いは、学校現場のファシリテーターが身の周りの現場で培った視点を超えた視点を獲得するにはどのようなサポートを提供すべきか、というものである。

　「カリキュラム開発者」の役割に関する研究では、次の問いに焦点を当てるべきである。すなわち、学校ベース、教師教育機関ベースを問わず、教師教育者が、効果的な教師教育のあり方に関する新しい知見を活用して、研究を重視するカリキュラムの開発を共同で進めるためにどのような支援ができるかという問いである。ここで重視すべき点は2つある。1つは、教師教育者は特定の地域的な問題や政治的な論争、その場その場の流行に巻き込まれてはならないということ。もう1つは、効果的なカリキュラム開発のためにも、彼らは研究重視の立場を貫く必要があることである。

　社会に対して教師教育者が負う責任について考えると、特に「ゲートキーパー」としての役割が重要となる。この役割を確立するために、教師教育における評価の手続きの妥当性と信頼性に関する研究、ゲートキーパーとしての役割における教師教育者の具体的な行動に関する研究、そしてこの役割に関する専門性開発についての研究がより多く必要とされている。

5.3.2｜実践のための提言

　先行研究レビューをもとに、以下に実践のための提言を示す。

（1）本先行研究レビューの活用

　教師教育者は、その専門職についての先行研究をもっと活用できるはずである。多くの教師教育者が「時間がない」という問題と常に闘っているからこそ、本書はこの分野における最も重要な研究を整理したもの

として、力強い味方となれるだろう。国や教師教育機関における政策立案者にも活用されるであろうことも重要である。

（2）専門性開発をより充実させていくこと

国や教師教育機関のレベルにおいて、教師教育者の専門性開発の体系的な仕組みづくりにもっと目を向けるべきである。そのためには、ここで述べてきた分析や議論が役に立つだろう。また、外国の成功事例は、各々が置かれた状況の中でも事態を改善していくための有用な情報となる。例えば、第6章ではオランダにおける生産的な進歩について記述している。さらに、学校ベースの教師教育者や学校現場のファシリテーターの専門性開発についても、より注目されることが望ましい。このことは、彼らが狭い視野を広げる手立てを得るためにも重要である。教師教育機関ベースの教師教育者と学校ベースの教師教育者が協働する、学習者のコミュニティの創出も強力な手段となるだろう。

（3）教師教育学の近年の傾向

教師教育においてペダゴジーに基づく有効な方略と教育方法についての実証研究が欠如していることを考えると、教師教育者や政策立案者は、教師教育の近年の傾向についてもっと批判的になってもよいだろう。また教師教育者は、政策の立案にもっと積極的に貢献できるはずである。

（4）評価と「ゲートキーパー」の役割

教師教育における評価の手続きの妥当性と信頼性、そして「ゲートキーパー」の役割を担う際に教師教育者がとる具体的な行動の是非に目を向けることは急務である。この役割において、教師教育者は社会に責任を負っている。それゆえ、「ゲートキーパー」の役割における教師教育者の専門性の開発は、より注目されてしかるべきである。

進めることができ、より包括的なプログラムへの参加を選ぶこともできる。そして、これが3つ目の要素をもたらしている。

3つ目の要素は、専門性開発のプログラムである。このプログラムはいくつかのモジュールから成り立っており、あるモジュールは教師教育のペダゴジーに特化し、またあるモジュールは教師教育者自身の実践についての研究を行うことに特化している。ここでも知識基盤がプログラムに理論的な根拠を与えており、さらにピア・コーチングの実施も含まれている。

6.5.2 | ミッション

この10年で多くの仕事がなされてきたと感じているが、それでもオランダにはまだまだやらなければならないことがある。第1に、専門職スタンダード、登録プロセス、知識基盤、そして教師教育者の専門性開発プログラムの整備がとても重要であり、現状で確保されているよりもずっと多くの資金が必要となる。現在は情熱を持って働いてくれる多くの人たちの献身と時々の資金調達に依存しており、もし何らかの仕組みができなければ、この10年で実現したものが次の10年で失われるという大きな危険性がある。第2に、オランダの教師教育者のごく少数しかこの章で描かれた専門性開発の活動に参加していないことを認識しておかなければならない。まだオランダの教師教育者の大部分は、優れた教師としての専門性に頼って未来の教師たちを指導している。そのため、より多くの教師教育者を巻き込むための挑戦は次の10年も続くだろう。第3に、すでに登録した認定教師教育者のさらなる専門性開発のための機会も考えなければならない。結局のところ、どんな人にも当てはまるのだが、特に教師教育者は生涯学習がどうしても必要なのだ。より集中的な教師教育者のセルフスタディ・プロジェクトを支援したことが何度かあるが、このプロジェクトは繰り返す価値があると考えている（Lunenberg et al., 2010）。本書の先行研究レビューでも、例えば、カリキュラム開発と評価についての知識と技術の深化に特化したプログラムは教師教育者の興味を引くだろうことを示唆している。

最後に、第5章の結論で教師教育者という専門職とその専門性開発のより大規模な研究を進める必要性に触れているが、これはオランダにも

当てはまることである。オランダの教師教育者の背景、専門性と置かれ
ている周辺環境の大きな違いを考慮に入れ、どの専門性開発の活動が生
産的でどれがそうでないのかについて、より包括的に研究成果を蓄積し
ていかなければならない。

163

訳注

[1] グラウンデッド・セオリー・アプローチ
社会調査において、収集したテキストデータをコード化して分析し、社会的現象を理解するための理論構築をしようとする質的研究法。

[2] コンピテンシー
コンピテンス（能力）という一般名詞に対して、コンピテンシーは、ある専門職がその専門性を発揮する際に必要な一連の専門的能力のことをいう。具体的には、技術、知識、基本姿勢など様々な要素を含み、専門職となるためにはそれらを熟知して使いこなすことが求められるため、専門職養成のためにリスト化されて提示されることがある。

[3] モデリング
教育場面において、教え手の言動がそれを見る学び手のモデルとなり、学び手が無意識的に、あるいは意識的に自らもそれらと同じような言動をするようになること。

[4] ゲートキーパー
門番、つまりここでは、教師教育のアドミッションや教員養成課程の途中など、実際に教壇に立つ前の段階で、志望者を教師という職につけていいかどうか判断する人という意味。

[5] 構成主義
知識を理解する形は人それぞれであるという考え方。同一の授業を受けたとしても、その知識をどのように頭の中で組み立てるかはそれぞれの子どもによって違うことを強調するとともに、それゆえにそれぞれの子どもがすでに持っている知識体系をもとに授業を組み立てることを推奨する。

[6] グループ・ダイナミクス
グループの中で起きる、人の態度や行動に影響を与える様々な相互作用のこと。一人ひとりの持つ人間関係の複雑な動きが総合されて生じ、全体的な動向に影響を与える。例えばあるやんちゃな生徒たちを熱心に指導していると、目を向けられなかったおとなしい生徒たちの間でいじめが始まるというような動きもその一つである。

[7] アクションリサーチ
教育におけるアクションリサーチは、教育活動において生じる様々な問題に対し、問題の存在を意識化して他者にも了解できるような形で固定しつつ、よりよい教育実践を導き出すために、活動の改善に向けての具体的なアクションと研究が螺旋的に進行していくような実践的な研究をいう。

[8] コアリフレクション
人の強みに焦点を当てたリフレクションのこと。コルトハーヘンが、ポジティブ心理学などの知見をもとに開発したリフレクションの手法で、欠点や苦手なことではなく、成功体験や自分の望みに注目することで、キャリア全体を見通すような長期的なビジョンを得ることができる。

[9] ピア・コーチング
授業改善や問題の解決などを目的に、専門家ではなくあえて同僚同士でコーチングを行うこと。

[10] ポリテクニック
教員養成のための高等専門学校が、近年、世界的に職業人養成型の大学機関に移行している。従来の大学機関が主に学問を教え研究を目的とする組織であるのに対して、これらの大学は職業教育を目的とした教育課程を有する。日本では、かつての師範学校から発展して教員養成を行っている学芸大学、教育大学などはこれにあたると言えるかもしれない。

[11] ピア・サポート
専門家ではなくあえて同僚同士でサポートし合うことで、情緒的サポート、道具的サポート、コンパニオンシップ、および情報的サポートを職場内で得られるようになることを目指す。

[12] 刺激再生法
ブルームによって提唱された、授業中の思考を追体験するための手法で、授業改善などに役立てられる。授業の様子を録音したテープや録画したビデオをもとにリフレクションを行うことが多い。

[13] マイクロティーチング
授業改善と授業力の向上を目的に、一般的な模擬授業よりも短い時間で授業の練習を行うこと。アレンによって開発された当時は、20分で学生が授業をする姿を録画しクラスなどで検討を行った。

[14] リアリスティック教師教育
学び手が、机上の空論としてではなく自分に関係があることとして現実的に受け止めることのできるように配慮された教師教育。ユトレヒト大学のフレット・コルトハーヘンらが提唱した。

[15] 総括的評価
教育活動を終えた時点で、学習成果や達成度を総合的に確認するために、テストやレポートなどを用いてする評価のこと。

[16] 形成的評価
学習者の学びや成長を促したり、今後の指導や教育の方針を検討したりすることを目的とした評価のこと。

[17] アーリーアダプター
比較的早い段階でイノベーションを受容したり、それに適応したりする人。ロジャースによれば、イノベーターが実際に変革をつくり出そうとするのに次いでアーリーアダプターがその変革を受容することで、組織や社会全体が変革を受け入れる流れができるという。

[18] 半構造化インタビュー
聞き手が事前に話し手に話してもらうテーマを複数用意し、それらにしたがって話を引き出しながら聞いていくインタビューの手法。話し手はある程度自由に話すことが許されるためにより個性的で魅力的な話を聞くことができ、一方で自由気ままに話すわけではないので、話の拡散が防げる。他の話し手たちへのインタビューと結果を比較することも可能になる。

訳者あとがき――日本における教師教育者研究の発展を期して

　本書は、2017年2月に日本教師教育学会課題研究第Ⅱ部会と広島大学学習システム促進研究センター RIDLS の合同招聘で来日なさったモナシュ大学教育学部長のジョン・ロックラン教授がシリーズ編者を務める "Professional learning" の第13巻 *The Professional Teacher Educator: Roles, Behaviour, and Professional Development of Teacher educators* の日本語訳である。

　この本の教師教育における意義はロックラン教授の的確な序文に凝縮されている。原書は約100頁、資料を入れても百数十頁の本だが、教師教育者研究が本格的に始まって以来のほぼすべての研究を網羅して分析するという画期的な研究をまとめたものである。

　本書では、教師教育がいかに複雑で困難な営みであるかということを強調し、教師であるから、もしくは教師教育学の優れた研究者であるからといって、すばらしい教師教育ができるわけではないと断言している。そのうえで、教師教育者の専門職性を明確にし、その職務レベルを上げていこうとした世界の教師教育者たちの取り組みを学術的に証明していこうとしたものである。それは、教師教育者自身が、教師教育者としてのアイデンティティを確立し、社会的地位を得ていく努力の軌跡でもある。2013年に欧州委員会が "Supporting teacher educators for better learning outcomes（よりよい学習成果のための教師教育者への支援）" をまとめた。本書はその翌年の2014年の出版である。

　出版直後、筆者は訳者の一人である入澤充氏から本書の紹介を受けた。「本書の翻訳出版によって、一気に日本の教師教育者研究への関心が高まり進展が加速する」と確信し、その場で入澤氏と翻訳出版の相談を始めた。本書を読めば「教師を育てるひとの役割、行動と成長」について誰でも考え始めることができる。巻末の研究資料を参考にしながら自分の研究の構想を練ることができるようになる。そういう本である。これから教師教育者になろうとする初心者にとってはもちろん、教師教

育者としてのアイデンティティを形成していく段階の日本の多くの教師教育者たちにとって、本書は研究の際の辞書となり授業のテキストとなり、自らの教師教育者としての歩みの道しるべとなるだろう。

　また、本書のような翻訳が進み、情報が日本に入ると、海外との人的交流が進み、国際学会等への参加や海外留学・視察等が増え、国内における情報提供、情報交換も増えるという動きが出てくる。日本の教師教育のスタンダードに海外の視点が盛り込まれるようになってくる。そのような意味においても、本書が多くの教師教育者、教師教育者を目指す教育者や研究者に読まれることは、日本の教師教育者の専門性開発にとって、大きな意味を持つだろう。

　原著の出版から3年が経過した現在、教師教育者の専門性開発は世界各国でさらに進んでいる。毎年新しい研究が次々と発表され、教師教育者の専門性開発をシステマティックにしていこうという動きも加速している。日本の読者におかれては、本書を手掛かりとして海外文献を皆で読み進めるなどして、日本の教師教育者の専門性開発をどう進めていくか考えていただきたいと思う。

　本書の訳出にあたり、当然だがそのタイトルをどう訳すか検討した。とりわけ副題については、山辺恵理子氏の発案で、タイトルと本文中で教師教育者と訳している teacher educator を「教師を育てるひと」と書き換え、本文中では専門性開発と訳しているところを「成長」とした。「教師教育者」ということばは、まだ日本においてその定義が確定しているとは言えない段階であり、本書の出版によって徐々に定まっていくのではないかと思う。そこで、あえて「教師教育者」ということばになじんでもらうプロセスとして、副題では「教師を育てるひと」とし、「育てる」という動詞を用いることで、教師教育者の「教師を育てる」行為を強調したのである。育てられる側の主体性、自律性を考えると、さらに一歩進んで「教師が育つ場をつくるひと」としてもよかったのかもしれない。また、本文中で「専門性開発」と訳出していることばをあえて副題で「成長」としたのも、「専門性開発」よりも「成長」ということばのほうが、学び手としての教師教育者のひととしての柔らかな変化を表現できると考えたからである。

2つの語句は、本文中では、読みやすさと汎用性を考え、それぞれ筆者らのこれまでの定訳通りに「教師教育者」「専門性開発」としている。小さなことかもしれないが、こうしてことばを選びながら場に合わせての訳出を試みてきた訳者たちの熱い想いを受け止めていただければ幸いである。

さて、本書の内容を理解するにあたって、ここではまずそもそも「教師教育学」とはどういう学問かというところからあらためて押さえておきたい。

今から26年前、1991年に設立された日本教師教育学会は、学会の目的を「学問の自由を尊重し、子どもの権利の実現に寄与する教師教育に関する研究の発展に資すること」（会則案2条）とした。また、学会設立趣旨には「教師の自己教育を含む養成・採用・研修等にわたる教師の力量形成（教師教育）をめぐる問題」を「専門的かつ継続的に研究する専門学会」と書かれている。そして、この学会が10周年記念として2002年に出版した「講座　教師教育学」シリーズ（学文社）の序文には、当時の学会長三輪定宣氏により「教師教育学は、教師の養成、採用、研修をはじめ、その実践、力量、地位を高めることを目指して発達した学問」と書かれている。教師教育学は「教員養成」「教員採用」「教員研修」の3領域に関して研究する学問というわけである。

しかし海外では「教師教育学」というと、現在その領域は、「教員養成」「教員研修」「教師教育者の専門性開発」となっている。日本には「教員採用」があって、「教師教育者の専門性開発」がないという違いが生じているのである。なぜだろうか。

まず、「教員採用」についていえば、日本では教員養成が開放制であり、海外ではそうではないということが挙げられるだろう。開放制、つまり資格を持っていても学校教員にならない人をたくさんプールしておくシステムを取っている日本において、教師教育における「教員採用」は重要であるが、海外では目的養成の国がほとんどのため、「教員採用」は「教師教育学」の1つの領域として扱われる必然性がないのである。

そして次に「教師教育者の専門性開発」であるが、これは既述のように海外でもまだ新しい領域であり、「無視されてきた領域」と言われる

ほどである。ここ10年ほどで急速に書籍などが出版されるようになったが、日本ではまだその情報に追いついていないというのが本当のところと言えるだろう。

　海外では、1970年代以降、時代の変化に伴い教育方法を変化させる必要性に気づいた教師たちが新しい教育を立ち上げようと工夫を始め、彼らが開発した内容を他の教師たちに伝えるために教師教育者として活動し始めた。また、近年になって、高等専門学校等で教師教育を行っていた現場出身の教師たちが、高等専門学校の大学化に伴い大学教員として教師教育を担うようになった。それらの結果、教師教育者に、本書の著者であるフレット・コルトハーヘン教授の開発したようなリフレクションの力をつけることや、ジョン・ロックラン教授の言うような「『教えること』や『学ぶこと』を『教える』」力をつけること、現在教師教育学の大きな課題となっている研究の力をつけることが必要と考えられるようになった。そのために「教師教育者の専門性開発」が必要であると言われるようになったのである。しかし、日本ではまだまだその必要性が切実になっていない。

　日本では、戦後、曲がりなりにも大学を卒業した若者が「でもしか」と言われながらもその基礎学力を基盤として、現場で同僚や保護者に支えられながらゆっくりと教師としての力をつけていったという歴史がある。大学の教員養成において、就職後すぐに現場で動ける教師を育てなくとも現場が成り立っていた。そのときの優秀な「でもしか」世代による教育が、戦後の経済復興を実現していくだけの労働力を輩出し、塾という学力保障の装置があるとはいえ、PISAテストで世界に冠たる成果を挙げてきたのであるから、「教師教育者の専門性開発」がなくても教師教育は成立するのだという主張はあながち外れてはいないかもしれない。もっとも、不登校、引きこもり、自殺などの大きな問題を抱える学校教育を問題にしなければだが。

　長年、教員養成に携わる大学教員は実務経験を持たない研究者であり、学問に取り組む研究者に対しても教師教育の専門性開発を行うことが必要であるという発想は否定されてきた。教職科目の授業を担当する大学教員は、「教育哲学」「教育史」「教育心理学」「教育方法学」「教育行政学」などを専門とし、「教育学」や「心理学」の専門家が各専門分

野で自分の関心に沿った研究をしながら教員養成課程に所属して「教職に関する科目」も教えている、という認識が一般的であったと言ってよいだろう。「教育方法」の授業でさえ、自らの学問と授業実践を結びつける必要性は認識されてこなかった。さらに、「教科に関する科目」の担当教員は、一部の例外を除き、自分の授業が教職科目であるということを意識せず、専門に深く切り込んだ授業に教職課程を履修している学生が紛れ込んでいるという程度にしか教員養成を認識していなかった。日本の文脈において「教職課程担当者」「教師教育の授業担当者」は教師教育者なのか、ということは慎重に検討されなければならないだろう。

　また「実務家教員」に関しては、2008年に教職大学院の仕組みとともにその雇用が本格的に開始されてまもなく10年が経過するが、日本では「実務家教員」は「元学校教員」であることを活用されるべく大学教員になるのであって、本書で言う「教師教育者」という専門職のくくりの中に入るための仕掛けが必要であるとは認識されていない。第6章に出てくるオランダのような先進的な「教師教育者の専門性開発」のプログラムが日本で実現されるまでには、まだ相当な年数がかかるかもしれない。

　さらに、学校で教育実習生を指導する指導教諭や校内研修の指導者が、本書に出てくるような「学校ベースの教師教育者」にあたるという発想や、校外の教員研修の指導者や「教員免許状更新講習担当者」が「教師教育者」というくくりに入るという認識は現在の日本ではほとんどないと言っていい。

　このように、日本において教師教育に携わっている者の数は少なくないのに、教師教育者という概念が欠けていたり、教師教育が専門的な仕事とみなされてこなかったりした事実は、「教師を教育する」ために本来必要な高度な技能やその職能の複雑性が一般に認識されていなかったことを示している。

　筆者自身は「教育心理学」や「教育相談」等の授業担当者として、授業で教えることと授業でなすことの言行一致を心がけ、教えている学問上の理論や研究の結果を授業の中で実践したり活かしたりする授業を苦心して開発してきた。しかし、調理師学校の「栄養学」の教員が調理師でなくてもいいように、理容師養成施設の「利用運営管理」の講師が理

容師でなくてもいいように、教師として必要な学問的基礎を教えるすべての授業において優れた「教師教育実践」を実現することの現実的な難しさを考えると、授業や実習をうまく組み合わせることで教師教育の効果を上げることはできるかもしれないと思っている。

とはいえ、教師教育において「教える行為を教える」「『学びを生み出す場をつくる力』をつける場をつくる」ことは必須である。そのためには、現状からの変化が必要である。教育の理論は実践に落とし込まれる必要があり、それを可能にするものは本書に示されているような「教師教育者」の専門性開発によってこそ身につくような高度な技術であって、教師教育には「教師教育者の専門性開発」が必要なのである。

上記のことから、時代の変化に伴って、今、日本の教師教育学は、「養成」「採用」「研修」の3領域に「教師教育者の専門性開発」を加えた4領域を対象とすることが必要となっているのではないだろうか。教師という対人援助専門職が「しろうと」の状態からエキスパートに至るまで（経験年数が多いという意味ではなく、対象者の学びをより深く支えていくことができる専門職になっていくという意味で）、専門性を開発していく道筋を教え手の側からも追究する学問が必要であろう。

さて、最後になったが、「教師教育者」ということばについてもう一言触れておかなければならないだろう。

そもそも数年前までteacher educatorの概念も定訳も日本にはなかった。2010年にコルトハーヘン教授の著作の翻訳『教師教育学——理論と実践をつなぐリアリスティック・アプローチ』（コルトハーヘン編著、武田信子監訳、学文社、2010）の中で、teacher educatorを教師教育者と訳した筆者は、同年に「日本における『教師教育者研究』の課題」（『現代の教育改革と教師——これからの教師教育研究のために』東京学芸大学出版会、2011）という論文を執筆し、その後、2012年に日本教師教育学会年報第21号に「教師教育実践への問い——教師教育者の専門性開発促進のために」という論文を寄稿した。これらが「教師教育者」という用語が、書籍や学会誌でタイトルに上がったほぼ初めてのケースだろう。

数年経った今では、教師教育者のアイデンティティ研究や教師教育者の専門性開発に関する研究がなされるようになった。教師教育者と自認

する人たちも増えてきた。しかし教師教育者がどのような専門性を持った人であるのかについての議論は、日本ではまだ十分になされているとは言えない。本書を読み、その6つの役割を理解すると、教師教育に現在携わっている研究者教員や実務家教員であっても、

1）研究者である「教育学者」は、あくまでも研究者として「教師教育」に関わっていく必要があるけれど、教師「教育」ができるわけではないので「教師教育者」ではない。
2）また、元教師は、教育ができる人として「教師教育」に関わっていくけれど、彼らもまたそのままでは「教師教育者」ではない。
3）教員養成課程で「教職に関する科目」を教えている大学教員も、「教科に関する科目」を教えている大学教員も、「教師教育の授業担当者」ではあるが、必ずしもそのまま「教師教育者」に横滑りするわけにはいかない、

ということがわかるだろう。

　つまり、本書発行の時点で、日本では「教師教育者」のアイデンティティを持てる人はまだごく少数なのである。私たちは、これから、日本における新しい「教師教育者」像をつくり、新しく「教師教育者」をつくっていかなくてはならない。
　著者であるアムステルダム自由大学のミーケ・ルーネンベルク教授は2016年に、ユトレヒト大学名誉教授のフレット・コルトハーヘン先生は2010年と2014年に来日されている。山辺氏と武田は2016年の第41回ヨーロッパ教師教育学会大会で、アムステルダム自由大学のユリエン・デンヘリンク先生を含む3人の著者と第6章の著者の一人であるボブ・コステル教授にもお会いして翻訳の進捗報告をさせていただいた。著者らは本書の翻訳出版を大変に喜んでくださり、版権取得へのご協力をいただいたのみならず、日本語版への序文をお寄せくださった。著者の皆さんの温かい応援に心から感謝している。
　また、本書を、日本初の大学院における教師教育学研究コースを有する玉川大学の出版部から出していただけることは光栄である。「教育の

玉川」として知られてきた玉川大学は、大学の方針として教師教育を推進していこうとしている。翻訳者の森山賢一氏が教師教育リサーチセンター長を務め、武田が大学院教育学研究科非常勤講師、山辺氏が教師教育リサーチセンター研究員を務めている大学である。玉川大学出版部の森貴志さん、相馬さやかさんには、お忙しい中、各種調整にご尽力いただき、丁寧な翻訳校正を手がけていただいて出版までこぎつけることができた。また、本書は平成29年度武蔵大学研究出版助成を受けている。『教師教育学』に加えて2冊目の教師教育関係書出版に助成してくださった武蔵大学に心より感謝している。

　本書が日本の教師教育者研究の基本書として読まれ、子どもたちの幸せにつながるよい研究が生まれますように。

2017年8月吉日

訳者を代表して　武田信子

付録｜選出された先行研究とその概要

　ここでは、本書で紹介した先行研究レビューのために選出された137本の論文の一覧表を提示する。

　表は第1〜9列からなる。第1列は、著者名、論文名、掲載ジャーナル名、号数、掲載ページをまとめている。第2列には、研究が実施された国名が記載されている。文献研究もしくはエッセイの場合は、その著者が働く国を記載した。使用した略語は以下である。

AUS	オーストラリア
B(FL)	ベルギー
CAN	カナダ
CH	中国
ENG	イングランド
EU	ヨーロッパ連合
FIN	フィンランド
HK	香港
ISR	イスラエル
LAT	ラトビア
NL	オランダ
N-Z	ニュージーランド
NO	ノルウェー
S-A	南アフリカ
SC	スコットランド
SER	セルビア
SW	スウェーデン
TUR	トルコ
UK	イギリス
USA	アメリカ

第3列は、研究の目的である。研究上のリサーチ・クエスチョンが書き写されている場合のほか、リサーチ・クエスチョンがなかったり、文脈上でしかわからなかったりした場合には、筆者らが研究の目的をまとめた。第4列には、研究方法がまとめられている。第3列と同様に、研究方法が論文に記されていることもあったが、しばしば研究内容から方法を推定する必要があった。これは必ずしも簡単な作業ではなかったが、筆者らで相談し、できる限り特定した。分類はかなり一般的なものになっている。例えば、セルフスタディとケーススタディは、研究の規模と参加者数において様々であった。1人か2、3人の参加者を扱う単一のケースを報告しているケーススタディの論文もあれば、多くの参加者を扱う複数の、もしくは長期のケースについて報告している論文もある。同じことは、セルフスタディの論文についても言える。

　第5列は研究のデータソースである。第6列には研究対象となっている教師教育者の数が、第7列には「その他の人」（例えば、教師をめざす学生）の数がまとめられている。

　第8列、第9列は、筆者らのリサーチ・クエスチョン（p.15）に対するそれぞれの研究の回答を示している。第8列を見れば、どの研究が私たちの2番目のリサーチ・クエスチョンに答えること（つまり教師教育者の6つの専門職としての役割とそれに伴う行動を決定づける重要な特性を明らかにすること）に貢献しているかがわかる。第9列は、どの研究が3番目のリサーチ・クエスチョンに答えること（つまり6つの専門職としての役割とそれに伴う行動に関する専門性開発を促す重要な特性を明らかにすること）に貢献しているかをまとめている。

　いくつかの研究は、例えば専門職としての役割の解説など、本研究の他の部分の記述に使われている。このような場合、第8列と第9列は空欄になっていることがある。

	論文	国名	リサーチ・クエスチョン
1	Adler, S. M.(2011). Teacher epistemology and collective narratives: Interrogaing teaching and diversity. *Teaching and Teacher Education, 27*(3), 609-618.	USA	自分自身の、あるいは指導学生の、個人的なあるいは社会的な生き方、ヒエラルキーの中に置かれた教師の人種的文化的存在としての信念や経験、バイアスを含む「知のあり方」はどのようなものか。有色人種の家庭とどう関わってきたか。また、そのことが、多様性についての知識基盤と教え方にどのようなインパクトを与えたか。
2	Andrew, L.(2007). Comparison of teacher educators' instructional methods with the constructivist ideal. *The Teacher Educator, 42*(3), 157-184.	USA	初等教育の学生のための数学のコースでどのような教示方法が用いられたか。その教示方法は構成主義的学習理論とどの程度一貫していたか。
3	Arreman, I. E., & Weiner, G.(2007). Gender, research and change in teacher education: A Swedish dimension. *Gender and Education, 19*(3), 317-337.	SW	国家や地方政策において、どのような問題が、教師教育の研究開発を促進したり妨げたりするか。
4	Bair, M. A., Bair, D. E., Mader, C. E., Hipp, S., & Hakim, I.(2010). Faculty emotions: A self-study of teacher educators. *Studying Teacher Education, 6*(1), 95-111.	USA	教師教育の授業の中で、感情の果たす役割は何か。教授が、学生や大学の校風と異なる文化を持っているとき、そのギャップをどう埋めるか。
5	Barrera, A., Braley, R. T., & Slate, J. R.(2010). Beginning teacher success: An investigation into the feedback from mentors of formal mentoring programs. *Mentoring & Tutoring: Partnership in Learning, 18*(1), 61-74.	USA	メンターが新任教師を成功に導くために、どんなサポートが必要か。メンターが教示を行うにあたって、サポートスタッフの能力開発トレーニングに必要な要素は何か。メンターが新任教師を成功に導くために、どんな事務サポートが必要か。メンターが新任教師の指導を成功させるために、どんな教材が必要か。
6	Berry, A.(2009). Professional self-understanding as expertise in teaching about teaching. *Teachers and Teaching, 15*(2), 305-318.	AUS	生物の教え方を学生にどのように教えるかを学ぶ際に、生物の教師としての自分の体験を言語化し、記述し、分析することがどう役に立つか。
7	Blaise, M. & Elsden-Clifton, J.(2007). Interventing or ignoring: Learning about teaching in new times. *Asia-Pacific Journal of Teacher Education, 35*(4), 387-407.	AUS	「新しい学習」の枠組みの中で授業が再編されたとき、どのような教育学上の複雑性が生じるか。
8	Boote,D. N.(2003).Teacher educators as belief-and-attitude therapists: Exploring psychodynamic implications of an emerging role. *Teachers and Teaching, 9*(3), 257-277.	USA	教師教育者が経験の浅い教師とともに働く際、特に専門性開発のファシリテーターの役割と教師教育者になるにあたってのゲートキーパーとしての役割の板挟みになったとき、複合的なアジェンダ(信念やあり方への介入、すなわち、リフレクションを捉す問いかけ)を立てることの効果はどのようなものか。

るか」「どのようにして協働による学びを支援するか」「どのようなとき
に指導やコーチングが効果的になるのか」などである。

　これらの問いはいくつかの観点から答えることができる、ということ
についても話し合われた。開発チームは理論、実践、リフレクションと
議論、そして発展的内容について、それぞれの観点を区別することにし
た。そのため、それぞれの領域について、問い（横列）と観点（縦列）か
らなる表が作られた。

　開発チームは、教師教育者であり、かつ研究者である人たちに表の空
欄を埋める作業に加わってもらうという重要な決定をした。これは専門
家コミュニティが知識基盤の開発に当事者意識を持つように促すための
とても優れた方法に思えた。実際に、彼らには協働で作業を行いたいと
いう気持ちが強いことも明らかになった。教師教育と研究の両方に従事
する多くの人が表の空欄を埋める作業に関わり、知識を幅広く網羅する
ことで、知識基盤の理論面に貢献した。これによって、知識基盤に重厚
な文献研究を組み込むことができたと言えるだろう。

　また、実践的な観点についての空欄を埋めるために、さらに多くの教
師教育者が実践例を報告したり動画を送ったりしてくれた。全体を通じ
て、80人近くの教師教育者が知識基盤の開発を手伝ってくれた。なお、
「リフレクションと議論」（リフレクションと議論についての質問が書かれてい
る）と「発展的内容」（さらに読むべき文献が示されている）についての空欄
は、開発チームによって埋められた。そして2011年の春、オランダ教
師教育者協会年次大会においてウェブサイトが公開された。

6.3.2 | プロジェクトについての研究
リサーチ・クエスチョンと研究設計

　しかし、肝心なことは知識基盤が有意義と受け止められ、実際に使わ
れるか否かである。この点を明らかにするために、筆者らは教師教育者
を対象とした調査を実施した。リサーチ・クエスチョンは以下である。

1. よりよい実践のために、教師教育者は10領域のそれぞれの知識
   をどの程度意味のあるものとして受け取ったのか
2. 教師教育者は4つの中心領域の理論的内容をどの程度自分たちの

実践に役立つものと感じたのか

- 研究手段

　リサーチ・クエスチョンに答えるために、5つのパートからなる質問紙を作成した。内容はそれぞれ以下の通りである。

1. 知識基盤の開発についての簡単な解説と回答方法の説明
2. 職場、教師教育者としての経験年数など回答者の基本情報に関する質問
3. 教師教育者としての自分の仕事にどれだけ10の領域が関連しているかについての、リッカート尺度に基づいた点数づけ（1=全く関連がない、10=非常に強い関連がある）。点数をつけるために、それぞれの領域にはガイド的な問いかけが付されている
4. 回答者は各領域の理論的観点にまつわる文献を読み、それらの文献がどれだけ役に立つかについて4段階で点数をつける。それぞれの領域のデータを集められるように、すべての領域は等しく取り扱われる
5. 最後に、知識基盤に欠けているテーマはないか、そして将来知識基盤を活用したいかどうかという質問

　まずは試作段階の質問紙が2人の教師教育者によって確認され、文章とレイアウトに少し手が加えられた。質問紙はオランダで開催された教師教育者協会の年次大会と教師教育者を対象としたいくつかのワークショップで回答された。また、ワークショップでは知識基盤の仕事への関連性と有用性について話し合う機会もあり、筆者らは理解を深めることができた。

- 参加者

　質問紙は125人の回答者によって回答された。うち教師教育者は118人で、65人が教師教育機関ベースの教師教育者、49人が学校ベースの教師教育者、4人は学校と教師教育機関の両方で働いていた。残る7人は高等教育機関のコーディネーターだった。また、54人が男性、71人が女性

だった。最年少は26歳、最年長は64歳で、平均年齢は47歳だった。初等教育の教師教育に関わる者は47人、中等教育の教師教育に関わる人は71人、両方に関わる人が4人で、3人は職業訓練校などの教育機関の教師教育に携わっていた。それぞれの経験年数は0カ月から35年までに及び、平均は8.6年だった。102人がオランダ教師教育者協会の会員であり、51人が協会の登録プロセスを経て正規の認定教師教育者として登録していた。

- データの分析

　結果は、記述統計、独立したサンプルのt検定、一元配置分散分析を用いて分析された。コーディネーターやプログラムの管理者、アドバイザーとして働く人（「その他」のカテゴリーの人）を含めてもよいかどうかを確認するために、教師教育者と教師教育においてそれ以外の職にある人をt検定を用いて比較した。どの質問項目においてもコーディネーターは有意差を示さなかったため、データに含めることにした。

結果

- 業務との関連度

　表6-7は、教師教育者が感じる知識基盤の10の領域それぞれの内容について、業務との関連度を10段階のリッカート尺度で示したものである。サンプルにはある程度の偏りがあり、オランダ教師教育者協会の会員が多く含まれているし、中等教育の教師教育に携わる教師教育者の割合が高い。そのため、サンプルのサブグループ間で結果が異なるかどうかを分析した。各領域の業務との関連度に関しては、会員と非会員の間で有意差はなかった。また、正規に登録されている者とそうでない者の間にも差はなかった。同様に、男女間、初等教育に携わる者と中等教育に携わる者の間、コーディネーターとコーディネーター以外の間にも有意差はなかった。コーディネーターに関して言えば、彼らは教師教育者のコミュニティに溶け込んでいるため、同様の結果を示したと言うことができる。しかしながら、学校ベースの教師教育者と教師教育機関ベースの教師教育者の間にはいくらか回答に違いがみられた。表6-8が示している通り、2つの領域では学校ベースの教師教育者のスコアが教

表6-7 教師教育者が感じる知識基盤の10領域の内容の業務との関連度（10段階での評価、1＝全く関連がない、10＝非常に強い関連がある）（n＝125）

領域	平均	標準偏差
1. 教師教育者という専門職	7.5	1.5
2. 教師教育のペダゴジー	8.4	1.3
3. 学習と学習者	8.7	1.1
4. ティーチングとコーチング	8.3	1.4
5. プログラム特有の教師教育	6.8	1.4
6. 教科特有の教師教育	8.1	1.4
7. 周辺環境	6.7	1.4
8. 組織	7.0	1.4
9. カリキュラム開発と評価	7.9	1.2
10.研究活動	7.7	1.1
平均	7.7	1.3

表6-8 2つの領域について、学校ベースの教師教育者と教師教育機関ベースの教師教育者が感じる業務との関連性の有意差（*p<.05, **p<.01）

領域	学校ベースの 教師教育者 (n=39)		教師教育機関ベースの 教師教育者 (n=75)		p
	平均	標準偏差	平均	標準偏差	
教師教育者という専門職	7.9	1.5	7.3	1.4	.048*
組織	7.5	1.3	6.6	1.3	.002**

師教育機関ベースの教師教育者のスコアよりも有意に高かった。1つ目の領域について言えば、違いが生じた理由は、学校ベースの教師教育者は教師教育を担い始めてから日が浅い者が多く、そのため単なる教師ではなく教師教育者であるということの意味をまだ理解しかねているからだと説明することができる。このことはまた、中心領域の「教師教育者という専門職」のスコアが他の領域より低いことも（部分的に）説明しているだろう。つまり、多くの（他の）ベテラン教師教育者は、自らの専門職についての知識を持っていることを当然のことだと考えているだろうからだ。

　また、多くのオランダの学校において、学校ベースの教師教育者とい

うのは新しい役割であり、彼らの職務、責任、そして可能性が正確にどのようなものであるかはまだ完全にははっきりとしていない。そのために、学校ベースの教師教育者の「組織」領域のスコアが教師教育機関ベースの教師教育者よりも高くなっていると説明できる。

- 知識基盤の実用性

　知識基盤の実用性を調べるために、筆者らは4つの中心領域と特にこれらの領域の理論的観点に焦点を当てた。まずは一元配置分散分析を用いて、知識基盤の使用の実用性、新規性、そして期待することについて4つの中心領域で有意差がないかどうかを調べた。だが、実際のところ有意差はなかった。そこで表6-9では各領域をまとめて1つとし、理論的な観点を述べた文献の、教師教育者にとっての実用性と新規性を示した。また、回答者が知識基盤の活用をどの程度検討しているのかも示している。

　結果が示すように、理論的な観点が記述してある文献は、オランダの教師教育者にとても役に立つものとして受け止められていることが明らかになった。彼らは新しい知識を見出し、これまで持っていた知識に加え、この新しい知識をとても役立つものと考えていた。そして定期的に知識基盤を使っていきたいと思っていた。特筆すべきことに、2番目の質問（どの程度この文献から新しいものを得たか）のスコアは、3番目の質問（この新しい知識は教師教育者として働くにあたり役に立つと思うか）のスコアよりも低い。ワークショップで回答者と話をしたことでその理由がはっきりとした。回答者たちは、「これについては少しは知っていたのだけど、今はずっとはっきり理解できている」「何年か前にこれは読んでいたのだけど、忘れてしまっていた」「それを学生に説明するのが難しかったけれど、これのおかげで助かった」などと話した。

　4つの中心領域について、サンプル内のサブグループ間で結果が異なるかどうかについても分析した。知識基盤の実用性については、それぞれのグループ間（男女間、オランダ教師教育者協会の会員と非会員の間など）の回答に有意差はなかった。どの程度文献から新しい知識を得たかという質問については、オランダ教師教育者協会に正規に登録していない教師

表6-9｜教師教育者が感じる知識基盤の4つの領域における理論的観点の実用性と新規性、知識基盤への期待感（4段階の尺度、1＝全く役に立たない／新規性はない／全く使うつもりはない、4＝とても役に立つ／完全に新しい知識だ／よく使うつもりだ）（n=125）

	平均	標準偏差
教師教育者として働くにあたりこの文献は役に立つと思うか	3.2	0.6
どの程度この文献から新しい知識を得たか	1.9	0.5
この新しい知識は教師教育者として働くにあたり役に立つと思うか	3.0	0.7
この知識基盤を使うつもりはあるか	2.7	0.7
平均	2.7	0.6

教育者のほうが、登録している者に比べて有意に高いスコアを示した（非登録1.97、登録1.75、p = 0.02）。正規に登録されている教師教育者はすでに専門性開発のプロセスに参加しているので、これは納得できる結果である。

　さらに、女性は男性に比べて有意に高い頻度で知識基盤を将来使うつもりであった（女性2.84、男性2.51、p = 0.01）。しかし、この違いについては理由が明らかではない。

　知識基盤に欠けているテーマはないかという質問への回答では、1つの欠落が指摘された。「ティーチングとコーチング」の領域に関して、コーチングに対する配慮が不十分だという結果が出たのだ。この要望は知識基盤にコーチングの文献を加えることで満たされた。

　また、ワークショップにおいて、知識基盤の使用法についていくつかの示唆が出された。個人のレベル（例えば登録プロセスにおける資料とする）におけるものもあれば、チームのレベル（例えば教師教育者のチームが「私たちの教授法はどのようなものか」という問いについて議論する）、組織のレベル（さらなる教師教育者の専門性開発について話し合う機会を持つ）、そして専門家コミュニティ全体のレベル（例えば教師教育者の専門性開発のためのプログラムを開発する）におけるものもあった。これらの示唆もウェブサイトに反映された。

リフレクション

　教師教育者の知識基盤の開発は、オランダの教師教育者の専門性開発へのさらなる大きな一歩と言えるだろう。2012年には、専門職スタン

ダードと登録のプロセスが一新された。刷新された専門職スタンダードの基礎領域とコンピテンシーは、教師教育者の知識基盤のそれぞれの領域と、部分的であれつながっている。新しい登録プロセスにおいては、教師教育者は自らの仕事と専門性開発の計画をしっかりと理論に基づいて根拠づけることが求められる。

また、知識基盤は次の節で論じる教師教育者を対象としたプログラムにおける理論的枠組みとしても機能している。

6.4 | 教師教育者を対象としたプログラム

6.4.1 | プロジェクトについて

2010年、この章の筆者は教師教育者を対象としたプログラムの開発を開始した。それぞれは異なる背景と専門性（教員養成指導者、講師、教授、教師教育者、研究者）を持ち、全員が専門職スタンダードの開発、登録プロセスの評価、知識基盤の開発の少なくとも1つを経験していた。そのため、全員が教師教育者を対象としたプログラムの開発に必要なものについて見通しを持っていた。

プログラムの開発を始めるにあたって、筆者らは次の5つの方針を定めた。

1. プログラムは様々な背景を持つ教師教育者を迎え入れ、彼らは互いに学び合う

   教師教育はますます、学校と教師教育機関双方の教師教育者の協働で担われるものになっている。教師教育者という専門職と自らが仕事をするうえで必要な知識と技術がどうあるべきかは、ともに構想していくべきであるということである。ともに学ぶことで、このようなビジョンはよい方向に形づくられていくはずだ。

2. プログラムは教師教育者の知識基盤に接続されることで理論的な強い裏づけを持つ

   知識基盤の中心領域（教師教育者という専門職、教師教育のペダゴジー、

学習と学習者、ティーチングとコーチング）はプログラムにおいて丁寧に扱われなければならない。同様に、「研究活動」の領域も重視されなければならない。なぜなら、教師教育者は自分の学生の研究プロジェクトを支援する力を求められるようになってきているからだ（Korthagen et al., 2011*）。しかし、4.3節でみたように、教師教育者がこの仕事をするために必要な経験と専門性を持っているとは限らない。そのため、これをプログラムの焦点とすることにした。

3.　プログラムは教師教育者が専門家ネットワークを広げるように後押しする

　筆者らが信じるところによると、教師教育者になるということはまた、教師教育者の世界に親しみを感じるようになるということであり、どのようなネットワークが存在し、情報を得たうえでどのようなネットワークに加わるのかを適切に決定できるということを意味する。

4.　オランダ教師教育者協会の登録プロセスを組み込む

　ある人が教師教育者として基本的な知識と技術を習得し、それらを実践の下支えとすることができるかどうかを判断するよい方法は、オランダ教師教育者協会の登録プロセスを経験してもらうことである。そのため、登録プロセスをプログラムの一部とし、プログラムの最後には参加した教師教育者が正規の認定教師教育者として登録されるようにする。

5.　プログラムでは、日々の実践における実用性を焦点とする

　参加者がプログラムで学んだことをそのまますぐに日々の実践に応用できることを目指す。

　ファン＝デン＝アッカーとニイフェインは、このような実用主義のアプローチでは形成的評価が中心的な活動であるべきであり、プログラムのデザインと評価が交互に繰り返されるべきであると述べている（Van den Akker & Nieveen, 2011*）。そのため、プログラムのすべての構成要素を形成的評価につなげることにした。この方法により、どのような構成

教師教育の ペダゴジー モジュール	コーチング モジュール	教師教育研究 モジュール	ネットワーク構築 モジュール	最終日
10時間	10時間	10時間	6時間	6時間
登録プロセスにおけるピア・コーチング 6時間				

図6-3 ｜ 教師教育者の専門性開発プログラムの全体構成

要素や教授法が生産的かを知ることができ、最初のモジュールでの経験を後のモジュールの設計などに活かすことができる。

　設計したプログラムは4つのモジュール（教師教育のペダゴジー、コーチング、教師教育研究、ネットワーク構築）から成る。5つ目の構成要素は、登録プロセスを修了することである。1年間に及ぶプログラムは130時間の学習（登録プロセスのための50時間を含む）が必須であり、そのうちの42時間は（教師教育者としての）業務時間である。図6-3はプログラムの全体構成である。

　筆者らは、プログラムの各部が互いに関連性を持つようにするため、すみずみまで配慮した。例えば、最初のモジュール「教師教育のペダゴジー」では、自身のリフレクションが重要なテーマとなっている。一方で、2番目のモジュール「コーチング」では、学生のリフレクションの支援が主要なテーマである。そして3番目のモジュール「教師教育研究」では、参加者は自身の教師教育の特徴について研究する。

　これらのモジュールは、登録プロセスにも関連づけられている。例えば、参加者が登録プロセスの中で描かなければならないビジョンは、最初のモジュールの出発点として使われる。「登録プロセスにおけるピア・コーチング」のセッションも、2番目のモジュールと関連づけられている。そして、参加者が最初の3つのモジュールで興味深いと思ったことを中心にネットワークを構築できるよう後押しをする。これまで説明してきたように、プログラムの全体が教師教育者の知識基盤に集積された理論で根拠づけられている。

プログラムは2回（2011/2012、2012/2013の年度）実施された。以下、まずは「教師教育のペダゴジー」のモジュールに触れ、その手法を詳述する。次に、プログラムの他の部分の内容と手法をまとめる。

「教師教育のペダゴジー」モジュールの解説

このモジュール（登録プロセスの最初のステップ）に備えて、参加者は知識基盤上の「教師教育のペダゴジー」の領域に収められている研究文献を読んでいる。このモジュールを学ぶ計2日間で、具体的なペダゴジーモデルが提示され、参加者はこれらのモデルを使っていくつか実践的な練習を、この2日間とこの2日の間の日々の実践で行う。

最初に提示されるモデルは、リアリスティック教師教育に特徴的な5つのステップからなる、グループで行うプロセスであり（Korthagen et al., 2001*, pp.151-161）、このモジュール自体にも適用されている。各ステップは、（1）事前の構造化（焦点の提示）（2）経験の使用（参加者自身の実践経験と今ここでの経験のどちらでも構わない）（3）構造化（例えばマインドマップの作成を通じて、経験についての議論を構造化する）（4）焦点化（つくられた構造の中から1〜2つの焦点を選ぶ）そして（5）小文字の理論（学問的な大文字の理論とは異なる、小さな理論的要素）である。この5つのステップの導入にあたっては、説明を受ける前に参加者自身がこのステップを経験することによって、理解しやすくなるという仕組みをとっている。

2番目のモデルは、リフレクションのためのALACTモデルである（Korthagen et al., 2001, 図6-4参照）。これは5つの単語の頭文字、（1）行為（Action）（2）行為のふり返り（Looking back on the action）（3）本質的な諸相への気づき（Awareness of essential aspects）（4）行為の選択肢の拡大（Creating alternative methods of action）（5）試行（Trial）から名前がとられている。

参加者は自身のふり返りを文章で記述するように促され、今ここでの「実践」とALACTモデルの理論をつなげる。ふり返りは「コアリフレクション」を導入することでさらに精緻化される。このリフレクションの手法は、実践者が専門家としてのアイデンティティや使命のようなテーマとリフレクションをつなぐことを助けるものである（Korthagen et al., 2013*）。

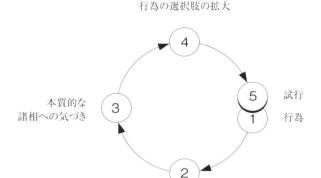

図6-4 | ALACTモデル

　まとめると、このモジュールにはいくつかの相互に交わった「層」がある。それらは、(1) モジュールの中で使われるペダゴジー (2) 第1の層の基礎をなしている教師教育のペダゴジーについての理論 (3) ペダゴジーについての学びを適用した参加者自身の実践である。スウェネン、ルーネンベルク、コルトハーヘンに基づけば、これらの3つの層を経験することは明確なモデリングの理論を習得するための素晴らしい足がかりとなる (Swennen, Lunenberg, & Korthagen, 2008)。モデリングに関する、「小文字の理論」として、4つのステップが紹介される。(1) まず、模範的な教師の行動をみせる (例えば「説くように教える」) (2) この模範的な行動をとりあげる (3) 理論を用いて模範的行動を裏づける (4) 実習生が指導時にこのような行動をとることを促す。これもまた、「宿題」のようなものとして、参加者はこの「理論」を自身の職場で教育実習生を指導する際に当てはめ、実践する。

　このモジュールの最後のパートでは、「評価」というテーマが扱われる。まずはカークパトリックらのモデルが提示され、議論される (Kirkpatrick & Kirkpatrick, 2006*)。このモデルでは、評価を4つのレベルに区別する (学生は満足しているか、学生は何を学んだのか、学生は学びを行動に反映しているか、学生の行動は予想通りだったのか)。

次に、最初の2つのレベルがこのモジュールを評価するために使われる。1つ目のレベルに関しては、参加者は（とても）満足しているようだった。参加者は様々な教授法を学べたこと、理論と実践が統合されたこと、このモジュールを担当した教師教育者の専門性、そして一緒に学ぶことによって得られる刺激を高く評価した。

評価の2つ目のレベルでは、参加者は自分自身への手紙を書き、その中で次の2つの質問に答えるように求められた。

- このモジュールから何を持ち帰りたいか
- 忘れたくないものは何か

2週間後、自身の考えたアイデアや計画を思い出せるように、この手紙は参加者のもとへ送られた。筆者らはこれらの手紙に書かれた内容について分析する許可を得ていた。参加者は、より理論知を活用すること、モジュールで扱われた理論的なモデルを自分の実践に組み込むこと、そして学生のエンパワーメントにより一層配慮することにとりわけ焦点を当てているようだった。

プログラムの他の部分の概要

「コーチング」モジュールの焦点はとても具体的で、「あなたはどのように学生が実践経験をふり返り、学ぶことを助けますか」という問いで表現される。注目すべきは、参加者がこのモジュールを好意的に評価する際、自分たちを指導した教師教育者の教授法についてもコメントしていることだ。参加者は、自らを指導した教師教育者のモデリングの方法と、理論と実践の組み合わせ方を高く評価している。つまり、最初のモジュールをこなすことで参加者は教授法の選択の重要性を意識するようになったのだ。

「教師教育研究」モジュールでは、教師教育者の知識基盤に収められた理論についての研究文献を使って、様々な研究のあり方について説明と議論がなされた。社会調査、さらに詳しく言うと質的研究を行うことは、何人かの参加者にはかなり馴染みがないことがわかった。次に、参加者は自身の教師教育のペダゴジーについて簡単な研究を行った。リサーチ・クエスチョンを設定して調査方法を考えるにあたっては、以前のモジュールで学習した内容を活用することができる。例えば、ある学

校ベースの教師教育者は学生が自分のコーチングをどう感じているのか
を調べるための簡単なアンケートを作成し、また3人の教師教育機関
ベースの教師教育者は、自分たちの授業が学生の実践とどの程度つな
がっていたのかについて互いの学生にインタビューを行った。

それぞれの段階（リサーチ・クエスチョンの設定、調査方法の開発、データの
収集、研究結果の発表）は2つのレベルで議論された。（1）自身が研究を
行うこと（2）その経験を学生の研究の支援に活かすことである。この
2つが合わさって、学生の研究を支援する際に注意すべきことの全体像
が見えてくる。特に、質的研究によって何ができるようになるのかを学
んだこと、明確で曖昧なところのないリサーチ・クエスチョンの設定の
重要性に気がついたこと、そして学生の研究を支援する際の要点を皆で
まとめたことがこのモジュールへの高い評価につながっていた。

「ネットワーク構築」モジュールでは、教師教育者の関心を引くネッ
トワークの全体像を参加者に提供した。参加者は個別に、もしくは小さ
なグループをつくって、新しいネットワークを広げる計画を策定した。
そして、計画を効率的に進めるために、SMART（明確で［Specific］、測定
可能で［Measurable］、達成可能で［Attainable］、妥当性があり［Relevant］、期限
が定められている［Time-bound］）の準拠枠を使用した。ネットワークを広
げるために、参加者はウェブサイトを調べ、文献を調査した。そして専
門家や専門機関に連絡し、交流会に出席したり、1人または複数の重要
人物へのインタビューを行ったりした。すべての参加者がリフレクショ
ン・ペーパーを書き、プログラムの最終日には自分が立てた計画の成果
についてプレゼンテーションを行った。最も注目すべきは、参加者の情
熱に応えて、とりわけ（その情熱に感化された）忙しい（海外の）専門家が
快く情報を提供し、（スカイプでの）インタビューに時間を割いてくれた
だけでなく、専門性開発を目指す彼らの活動にも興味を持ってくれたこ
とだ！

プログラムの構成要素である「登録プロセスにおけるピア・コーチン
グ」は、4つのモジュールと並行して行われる。これによって、登録プ
ロセスとモジュールでの学習内容はしっかりと統合される。各セッショ
ンでは、参加者は4人1組となり互いに協力し合う。プログラムの前半
では、「教師教育のペダゴジー」のモジュールを進めながら、参加者は

自らのビジョンを描き、自分の知識と技術を分析する。そして「コーチング」モジュールを進めながら、ピア・コーチングを行う。プログラムの後半では、専門性開発の計画を策定する。プログラムの後半に行う「教師教育研究」と「ネットワーク構築」のモジュールは、参加者の評価が示しているように、実用的で理論に裏づけられた専門性開発の計画の実現を助け、後押しする重要な役割を果たしている。

プログラムの最終日には、「ネットワーク構築」のモジュールの成果が（参加者によって）発表され、プログラム全体のふり返りと評価が行われた。また、めでたく修了証書が授与された。

6.4.2│プロジェクトについての評価とふり返り

ここまで、筆者らがどのように教師教育者のためのプログラムを開発してきたかを述べてきた。これまでにプログラムは2回実施されており、すでに説明したように、プログラムの開発と実施にあたっては設計と評価を交互に行ってきた。例えば、参加者自身の教師教育実践での教授法を「教師教育研究」モジュールの中心的なテーマにするというアイデアは、最初のモジュールの評価について話し合っていた際に生まれたものである。

当初から、参加者による評価は（とても）高かった。しかし、プログラムを実施した最初の年に、参加者の背景の違いと彼らが持つ様々な知識と経験をより考慮する余地があることがわかった。加えて、教師教育者が考慮しなければならない3つのレベル（自分自身のレベル、受け持つ学生のレベル、そして受け持つ学生が教える児童生徒のレベル）の違いを際立たせながらもつながりを意識することにもっと時間をかけるべきだと学んだ。運営面では、プログラムの構成についての具体的な情報が参加者に行き届いていなかった。次の年にプログラムを設計する際、これらのことに配慮した。

2度の実施において参加者から集めたデータについてはまだ詳細に分析できていないが、参加者の評価から判断するに、筆者らがつくった5つの方針は機能していると結論づけてよさそうである。例えば、1つ目の方針（異なる背景を持つ教師教育者がともに学ぶ）について、参加者の1人は次のように言っている。

教師教育機関ベースの教師教育者と学校ベースの教師教育者の交流はとても素晴らしいものだった。一緒にプログラムをこなし、そして話し合うことができた。それに、私たちと協働する際に何が学校ベースの教師教育者の足を引っ張るのか、より意識するようになった。今ではとてもはっきりと理解している。彼らとの交流それ自体に価値があったと言える。

同様に、理論的根拠を検討すること（方針2）もまた高く評価されていた。参加者の1人は次のように言っている。

学生への指導と支援の勘所をつかむことができた。（中略）特に強調したい点は、理論と実践のつながりだ。私たちの出発点はだいたい実践、つまり自分の経験なのだが、それが理論と結びつく。そして深い理解が得られるのだ。

また、関連文献を紹介したことで、明らかに参加者はこのような文献をさらに読みたいと思うようになっていた。参加者によれば、教師教育者の知識基盤を参照し、知見を取り入れることも有益だったという。

方針3（参加者が専門家ネットワークを広げることを促す）については、プログラムの最初に何人かの参加者が「目的がわからない」「ネットワークを広げるために参加したわけではない」と言っていた。ところが、プログラムの最後には、彼らは考えを改めたようだ。

とても価値があった。（中略）国際的なネットワークを築くように促されたのもよかった。（中略）おかげで自分のコンフォート・ゾーンを踏み越えることができた。

方針4の「モジュールに登録プロセスを組み込む」も、うまくいったようだった。参加者は時に、登録プロセスとモジュールでの学習について同時に触れている。

教えてもらったモデルは本当に実用的であり、自分の実践の中で活

用するのを待ち遠しく思う。教師教育者としての登録が終わった後も専門性開発を続けていくために、もっと多くのモジュールをこなしたい。

方針5「日々の実践のために」に関しても、興味深い結果が得られた。主に実践とリフレクション、理論をつないだプログラム設計の成果として、参加者は自らの日々の実践にとってプログラムが実用的だったと思っていたのである。参加者の1人は次のように記している。

様々な方法（実践する、理論とつなげる、経験をふり返る、文献を読む）で教授法を経験すること、そして自分の実践でその教授法を使い、ふり返ることはためになった。

6.5 │ オランダの教師教育者養成の未来

6.5.1 │ 要約

この章を終えるにあたり、他の筆者らとともにあらためて言っておきたい。私たちは、教師教育者は教育の質を左右する重要な役割を担い、したがってその専門性開発はしっかりと支援されなければならないと信じている。オランダには、これを実現するための要素がそろっていると感じている。そしてまた、これらの要素はますます複雑に絡み合いつつある。

1つ目の要素は、専門職スタンダードと接続した登録プロセスである。4.2.2項でみた通り、複数の研究が国の定める準拠枠は教師教育者の専門性開発に効果を発揮していると指摘している。2000年代の初頭から、オランダでは専門職スタンダードが確立され、多くの者が教師教育者として正式に登録されるためのプロセスを修了している。

2つ目の要素は、教師教育者の知識基盤である。近年、専門職スタンダードと登録プロセスが刷新され、専門性開発の過程を知識基盤の助けを借りて理論的に裏づけることで登録プロセスはより統合的なものになった。教師教育者は、ピア・コーチングを受けながらこのプロセスを

進めることができ、より包括的なプログラムへの参加を選ぶこともできる。そして、これが3つ目の要素をもたらしている。

3つ目の要素は、専門性開発のプログラムである。このプログラムはいくつかのモジュールから成り立っており、あるモジュールは教師教育のペダゴジーに特化し、またあるモジュールは教師教育者自身の実践についての研究を行うことに特化している。ここでも知識基盤がプログラムに理論的な根拠を与えており、さらにピア・コーチングの実施も含まれている。

6.5.2 | ミッション

この10年で多くの仕事がなされてきたと感じているが、それでもオランダにはまだまだやらなければならないことがある。第1に、専門職スタンダード、登録プロセス、知識基盤、そして教師教育者の専門性開発プログラムの整備がとても重要であり、現状で確保されているよりもずっと多くの資金が必要となる。現在は情熱を持って働いてくれる多くの人たちの献身と時々の資金調達に依存しており、もし何らかの仕組みができなければ、この10年で実現したものが次の10年で失われるという大きな危険性がある。第2に、オランダの教師教育者のごく少数しかこの章で描かれた専門性開発の活動に参加していないことを認識しておかなければならない。まだオランダの教師教育者の大部分は、優れた教師としての専門性に頼って未来の教師たちを指導している。そのため、より多くの教師教育者を巻き込むための挑戦は次の10年も続くだろう。第3に、すでに登録した認定教師教育者のさらなる専門性開発のための機会も考えなければならない。結局のところ、どんな人にも当てはまるのだが、特に教師教育者は生涯学習がどうしても必要なのだ。より集中的な教師教育者のセルフスタディ・プロジェクトを支援したことが何度かあるが、このプロジェクトは繰り返す価値があると考えている（Lunenberg et al., 2010）。本書の先行研究レビューでも、例えば、カリキュラム開発と評価についての知識と技術の深化に特化したプログラムは教師教育者の興味を引くだろうことを示唆している。

最後に、第5章の結論で教師教育者という専門職とその専門性開発のより大規模な研究を進める必要性に触れているが、これはオランダにも

当てはまることである。オランダの教師教育者の背景、専門性と置かれている周辺環境の大きな違いを考慮に入れ、どの専門性開発の活動が生産的でどれがそうでないのかについて、より包括的に研究成果を蓄積していかなければならない。

163

訳注

[1] グラウンデッド・セオリー・アプローチ
社会調査において、収集したテキストデータをコード化して分析し、社会的現象を理解するための理論構築をしようとする質的研究法。

[2] コンピテンシー
コンピテンス（能力）という一般名詞に対して、コンピテンシーは、ある専門職がその専門性を発揮する際に必要な一連の専門的能力のことをいう。具体的には、技術、知識、基本姿勢など様々な要素を含み、専門職となるためにはそれらを熟知して使いこなすことが求められるため、専門職養成のためにリスト化されて提示されることがある。

[3] モデリング
教育場面において、教え手の言動がそれを見る学び手のモデルとなり、学び手が無意識的に、あるいは意識的に自らもそれらと同じような言動をするようになること。

[4] ゲートキーパー
門番、つまりここでは、教師教育のアドミッションや教員養成課程の途中など、実際に教壇に立つ前の段階で、志望者を教師という職につけていいかどうか判断する人という意味。

[5] 構成主義
知識を理解する形は人それぞれであるという考え方。同一の授業を受けたとしても、その知識をどのように頭の中で組み立てるかはそれぞれの子どもによって違うことを強調するとともに、それゆえにそれぞれの子どもがすでに持っている知識体系をもとに授業を組み立てることを推奨する。

[6] グループ・ダイナミクス
グループの中で起きる、人の態度や行動に影響を与える様々な相互作用のこと。一人ひとりの持つ人間関係の複雑な動きが総合されて生じ、全体的な動向に影響を与える。例えばあるやんちゃな生徒たちを熱心に指導していると、目を向けられなかったおとなしい生徒たちの間でいじめが始まるというような動きもその一つである。

[7] アクションリサーチ
教育におけるアクションリサーチは、教育活動において生じる様々な問題に対し、問題の存在を意識化して他者にも了解できるような形で固定しつつ、よりよい教育実践を導き出すために、活動の改善に向けての具体的なアクションと研究が螺旋的に進行していくような実践的な研究をいう。

[8] コアリフレクション
人の強みに焦点を当てたリフレクションのこと。コルトハーヘンが、ポジティブ心理学などの知見をもとに開発したリフレクションの手法で、欠点や苦手なことではなく、成功体験や自分の望みに注目することで、キャリア全体を見通すような長期的なビジョンを得ることができる。

[9] ピア・コーチング
授業改善や問題の解決などを目的に、専門家ではなくあえて同僚同士でコーチングを行うこと。

[10] ポリテクニック
教員養成のための高等専門学校が、近年、世界的に職業人養成型の大学機関に移行している。従来の大学機関が主に学問を教え研究を目的とする組織であるのに対して、これらの大学は職業教育を目的とした教育課程を有する。日本では、かつての師範学校から発展して教員養成を行っている学芸大学、教育大学などはこれにあたると言えるかもしれない。

[11] ピア・サポート
専門家ではなくあえて同僚同士でサポートし合うことで、情緒的サポート、道具的サポート、コンパニオンシップ、および情報的サポートを職場内で得られるようになることを目指す。

[12] 刺激再生法
ブルームによって提唱された、授業中の思考を追体験するための手法で、授業改善などに役立てられる。授業の様子を録音したテープや録画したビデオをもとにリフレクションを行うことが多い。

[13] マイクロティーチング
授業改善と授業力の向上を目的に、一般的な模擬授業よりも短い時間で授業の練習を行うこと。アレンによって開発された当時は、20分で学生が授業をする姿を録画しクラスなどで検討を行った。

[14] リアリスティック教師教育
学び手が、机上の空論としてではなく自分に関係があることとして現実的に受け止めることのできるように配慮された教師教育。ユトレヒト大学のフレット・コルトハーヘンらが提唱した。

[15] 総括的評価
教育活動を終えた時点で、学習成果や達成度を総合的に確認するために、テストやレポートなどを用いてする評価のこと。

[16] 形成的評価
学習者の学びや成長を促したり、今後の指導や教育の方針を検討したりすることを目的とした評価のこと。

[17] アーリーアダプター
比較的早い段階でイノベーションを受容したり、それに適応したりする人。ロジャースによれば、イノベーターが実際に変革をつくり出そうとするのに次いでアーリーアダプターがその変革を受容することで、組織や社会全体が変革を受け入れる流れができるという。

[18] 半構造化インタビュー
聞き手が事前に話し手に話してもらうテーマを複数用意し、それらにしたがって話を引き出しながら聞いていくインタビューの手法。話し手はある程度自由に話すことが許されるためにより個性的で魅力的な話を聞くことができ、一方で自由気ままに話すわけではないので、話の拡散が防げる。他の話し手たちへのインタビューと結果を比較することも可能になる。

訳者あとがき——日本における教師教育者研究の発展を期して

　本書は、2017年2月に日本教師教育学会課題研究第II部会と広島大学学習システム促進研究センター RIDLS の合同招聘で来日なさったモナシュ大学教育学部長のジョン・ロックラン教授がシリーズ編者を務める "Professional learning" の 第13巻 *The Professional Teacher Educator: Roles, Behaviour, and Professional Development of Teacher educators* の日本語訳である。

　この本の教師教育における意義はロックラン教授の的確な序文に凝縮されている。原書は約100頁、資料を入れても百数十頁の本だが、教師教育者研究が本格的に始まって以来のほぼすべての研究を網羅して分析するという画期的な研究をまとめたものである。

　本書では、教師教育がいかに複雑で困難な営みであるかということを強調し、教師であるから、もしくは教師教育学の優れた研究者であるからといって、すばらしい教師教育ができるわけではないと断言している。そのうえで、教師教育者の専門職性を明確にし、その職務レベルを上げていこうとした世界の教師教育者たちの取り組みを学術的に証明していこうとしたものである。それは、教師教育者自身が、教師教育者としてのアイデンティティを確立し、社会的地位を得ていく努力の軌跡でもある。2013年に欧州委員会が "Supporting teacher educators for better learning outcomes（よりよい学習成果のための教師教育者への支援）" をまとめた。本書はその翌年の2014年の出版である。

　出版直後、筆者は訳者の一人である入澤充氏から本書の紹介を受けた。「本書の翻訳出版によって、一気に日本の教師教育者研究への関心が高まり進展が加速する」と確信し、その場で入澤氏と翻訳出版の相談を始めた。本書を読めば「教師を育てるひとの役割、行動と成長」について誰でも考え始めることができる。巻末の研究資料を参考にしながら自分の研究の構想を練ることができるようになる。そういう本である。これから教師教育者になろうとする初心者にとってはもちろん、教師教

育者としてのアイデンティティを形成していく段階の日本の多くの教師教育者たちにとって、本書は研究の際の辞書となり授業のテキストとなり、自らの教師教育者としての歩みの道しるべとなるだろう。

　また、本書のような翻訳が進み、情報が日本に入ると、海外との人的交流が進み、国際学会等への参加や海外留学・視察等が増え、国内における情報提供、情報交換も増えるという動きが出てくる。日本の教師教育のスタンダードに海外の視点が盛り込まれるようになってくる。そのような意味においても、本書が多くの教師教育者、教師教育者を目指す教育者や研究者に読まれることは、日本の教師教育者の専門性開発にとって、大きな意味を持つだろう。

　原著の出版から3年が経過した現在、教師教育者の専門性開発は世界各国でさらに進んでいる。毎年新しい研究が次々と発表され、教師教育者の専門性開発をシステマティックにしていこうという動きも加速している。日本の読者におかれては、本書を手掛かりとして海外文献を皆で読み進めるなどして、日本の教師教育者の専門性開発をどう進めていくか考えていただきたいと思う。

　本書の訳出にあたり、当然だがそのタイトルをどう訳すか検討した。とりわけ副題については、山辺恵理子氏の発案で、タイトルと本文中で教師教育者と訳している teacher educator を「教師を育てるひと」と書き換え、本文中では専門性開発と訳しているところを「成長」とした。「教師教育者」ということばは、まだ日本においてその定義が確定しているとは言えない段階であり、本書の出版によって徐々に定まっていくのではないかと思う。そこで、あえて「教師教育者」ということばになじんでもらうプロセスとして、副題では「教師を育てるひと」とし、「育てる」という動詞を用いることで、教師教育者の「教師を育てる」行為を強調したのである。育てられる側の主体性、自律性を考えると、さらに一歩進んで「教師が育つ場をつくるひと」としてもよかったのかもしれない。また、本文中で「専門性開発」と訳出していることばをあえて副題で「成長」としたのも、「専門性開発」よりも「成長」ということばのほうが、学び手としての教師教育者のひととしての柔らかな変化を表現できると考えたからである。

2つの語句は、本文中では、読みやすさと汎用性を考え、それぞれ筆者らのこれまでの定訳通りに「教師教育者」「専門性開発」としている。小さなことかもしれないが、こうしてことばを選びながら場に合わせての訳出を試みてきた訳者たちの熱い想いを受け止めていただければ幸いである。

さて、本書の内容を理解するにあたって、ここではまずそもそも「教師教育学」とはどういう学問かというところからあらためて押さえておきたい。

今から26年前、1991年に設立された日本教師教育学会は、学会の目的を「学問の自由を尊重し、子どもの権利の実現に寄与する教師教育に関する研究の発展に資すること」（会則案2条）とした。また、学会設立趣旨には「教師の自己教育を含む養成・採用・研修等にわたる教師の力量形成（教師教育）をめぐる問題」を「専門的かつ継続的に研究する専門学会」と書かれている。そして、この学会が10周年記念として2002年に出版した「講座　教師教育学」シリーズ（学文社）の序文には、当時の学会長三輪定宣氏により「教師教育学は、教師の養成、採用、研修をはじめ、その実践、力量、地位を高めることを目指して発達した学問」と書かれている。教師教育学は「教員養成」「教員採用」「教員研修」の3領域に関して研究する学問というわけである。

しかし海外では「教師教育学」というと、現在その領域は、「教員養成」「教員研修」「教師教育者の専門性開発」となっている。日本には「教員採用」があって、「教師教育者の専門性開発」がないという違いが生じているのである。なぜだろうか。

まず、「教員採用」についていえば、日本では教員養成が開放制であり、海外ではそうではないということが挙げられるだろう。開放制、つまり資格を持っていても学校教員にならない人をたくさんプールしておくシステムを取っている日本において、教師教育における「教員採用」は重要であるが、海外では目的養成の国がほとんどのため、「教員採用」は「教師教育学」の1つの領域として扱われる必然性がないのである。

そして次に「教師教育者の専門性開発」であるが、これは既述のように海外でもまだ新しい領域であり、「無視されてきた領域」と言われる

ほどである。ここ10年ほどで急速に書籍などが出版されるようになったが、日本ではまだその情報に追いついていないというのが本当のところと言えるだろう。

　海外では、1970年代以降、時代の変化に伴い教育方法を変化させる必要性に気づいた教師たちが新しい教育を立ち上げようと工夫を始め、彼らが開発した内容を他の教師たちに伝えるために教師教育者として活動し始めた。また、近年になって、高等専門学校等で教師教育を行っていた現場出身の教師たちが、高等専門学校の大学化に伴い大学教員として教師教育を担うようになった。それらの結果、教師教育者に、本書の著者であるフレット・コルトハーヘン教授の開発したようなリフレクションの力をつけることや、ジョン・ロックラン教授の言うような「『教えること』や『学ぶこと』を『教える』」力をつけること、現在教師教育学の大きな課題となっている研究の力をつけることが必要と考えられるようになった。そのために「教師教育者の専門性開発」が必要であると言われるようになったのである。しかし、日本ではまだまだその必要性が切実になっていない。

　日本では、戦後、曲がりなりにも大学を卒業した若者が「でもしか」と言われながらもその基礎学力を基盤として、現場で同僚や保護者に支えられながらゆっくりと教師としての力をつけていったという歴史がある。大学の教員養成において、就職後すぐに現場で動ける教師を育てなくとも現場が成り立っていた。そのときの優秀な「でもしか」世代による教育が、戦後の経済復興を実現していくだけの労働力を輩出し、塾という学力保障の装置があるとはいえ、PISAテストで世界に冠たる成果を挙げてきたのであるから、「教師教育者の専門性開発」がなくても教師教育は成立するのだという主張はあながち外れてはいないかもしれない。もっとも、不登校、引きこもり、自殺などの大きな問題を抱える学校教育を問題にしなければだが。

　長年、教員養成に携わる大学教員は実務経験を持たない研究者であり、学問に取り組む研究者に対しても教師教育の専門性開発を行うことが必要であるという発想は否定されてきた。教職科目の授業を担当する大学教員は、「教育哲学」「教育史」「教育心理学」「教育方法学」「教育行政学」などを専門とし、「教育学」や「心理学」の専門家が各専門分

野で自分の関心に沿った研究をしながら教員養成課程に所属して「教職に関する科目」も教えている、という認識が一般的であったと言ってよいだろう。「教育方法」の授業でさえ、自らの学問と授業実践を結びつける必要性は認識されてこなかった。さらに、「教科に関する科目」の担当教員は、一部の例外を除き、自分の授業が教職科目であるということを意識せず、専門に深く切り込んだ授業に教職課程を履修している学生が紛れ込んでいるという程度にしか教員養成を認識していなかった。日本の文脈において「教職課程担当者」「教師教育の授業担当者」は教師教育者なのか、ということは慎重に検討されなければならないだろう。

また「実務家教員」に関しては、2008年に教職大学院の仕組みとともにその雇用が本格的に開始されてまもなく10年が経過するが、日本では「実務家教員」は「元学校教員」であることを活用されるべく大学教員になるのであって、本書で言う「教師教育者」という専門職のくくりの中に入るための仕掛けが必要であるとは認識されていない。第6章に出てくるオランダのような先進的な「教師教育者の専門性開発」のプログラムが日本で実現されるまでには、まだ相当な年数がかかるかもしれない。

さらに、学校で教育実習生を指導する指導教諭や校内研修の指導者が、本書に出てくるような「学校ベースの教師教育者」にあたるという発想や、校外の教員研修の指導者や「教員免許状更新講習担当者」が「教師教育者」というくくりに入るという認識は現在の日本ではほとんどないと言っていい。

このように、日本において教師教育に携わっている者の数は少なくないのに、教師教育者という概念が欠けていたり、教師教育が専門的な仕事とみなされてこなかったりした事実は、「教師を教育する」ために本来必要な高度な技能やその職能の複雑性が一般に認識されていなかったことを示している。

筆者自身は「教育心理学」や「教育相談」等の授業担当者として、授業で教えることと授業でなすことの言行一致を心がけ、教えている学問上の理論や研究の結果を授業の中で実践したり活かしたりする授業を苦心して開発してきた。しかし、調理師学校の「栄養学」の教員が調理師でなくてもいいように、理容師養成施設の「利用運営管理」の講師が理

容師でなくてもいいように、教師として必要な学問的基礎を教えるすべての授業において優れた「教師教育実践」を実現することの現実的な難しさを考えると、授業や実習をうまく組み合わせることで教師教育の効果を上げることはできるかもしれないと思っている。

とはいえ、教師教育において「教える行為を教える」「『学びを生み出す場をつくる力』をつける場をつくる」ことは必須である。そのためには、現状からの変化が必要である。教育の理論は実践に落とし込まれる必要があり、それを可能にするものは本書に示されているような「教師教育者」の専門性開発によってこそ身につくような高度な技術であって、教師教育には「教師教育者の専門性開発」が必要なのである。

上記のことから、時代の変化に伴って、今、日本の教師教育学は、「養成」「採用」「研修」の3領域に「教師教育者の専門性開発」を加えた4領域を対象とすることが必要となっているのではないだろうか。教師という対人援助専門職が「しろうと」の状態からエキスパートに至るまで（経験年数が多いという意味ではなく、対象者の学びをより深く支えていくことができる専門職になっていくという意味で）、専門性を開発していく道筋を教え手の側からも追究する学問が必要であろう。

さて、最後になったが、「教師教育者」ということばについてもう一言触れておかなければならないだろう。

そもそも数年前までteacher educatorの概念も定訳も日本にはなかった。2010年にコルトハーヘン教授の著作の翻訳『教師教育学——理論と実践をつなぐリアリスティック・アプローチ』（コルトハーヘン編著、武田信子監訳、学文社、2010）の中で、teacher educatorを教師教育者と訳した筆者は、同年に「日本における『教師教育者研究』の課題」（『現代の教育改革と教師——これからの教師教育研究のために』東京学芸大学出版会、2011）という論文を執筆し、その後、2012年に日本教師教育学会年報第21号に「教師教育実践への問い——教師教育者の専門性開発促進のために」という論文を寄稿した。これらが「教師教育者」という用語が、書籍や学会誌でタイトルに上がったほぼ初めてのケースだろう。

数年経った今では、教師教育者のアイデンティティ研究や教師教育者の専門性開発に関する研究がなされるようになった。教師教育者と自認

する人たちも増えてきた。しかし教師教育者がどのような専門性を持った人であるのかについての議論は、日本ではまだ十分になされているとは言えない。本書を読み、その6つの役割を理解すると、教師教育に現在携わっている研究者教員や実務家教員であっても、

1）研究者である「教育学者」は、あくまでも研究者として「教師教育」に関わっていく必要があるけれど、教師「教育」ができるわけではないので「教師教育者」ではない。
2）また、元教師は、教育ができる人として「教師教育」に関わっていくけれど、彼らもまたそのままでは「教師教育者」ではない。
3）教員養成課程で「教職に関する科目」を教えている大学教員も、「教科に関する科目」を教えている大学教員も、「教師教育の授業担当者」ではあるが、必ずしもそのまま「教師教育者」に横滑りするわけにはいかない、

ということがわかるだろう。

　つまり、本書発行の時点で、日本では「教師教育者」のアイデンティティを持てる人はまだごく少数なのである。私たちは、これから、日本における新しい「教師教育者」像をつくり、新しく「教師教育者」をつくっていかなくてはならない。

　著者であるアムステルダム自由大学のミーケ・ルーネンベルク教授は2016年に、ユトレヒト大学名誉教授のフレット・コルトハーヘン先生は2010年と2014年に来日されている。山辺氏と武田は2016年の第41回ヨーロッパ教師教育学会大会で、アムステルダム自由大学のユリエン・デンヘリンク先生を含む3人の著者と第6章の著者の一人であるボブ・コステル教授にもお会いして翻訳の進捗報告をさせていただいた。著者らは本書の翻訳出版を大変に喜んでくださり、版権取得へのご協力をいただいたのみならず、日本語版への序文をお寄せくださった。著者の皆さんの温かい応援に心から感謝している。

　また、本書を、日本初の大学院における教師教育学研究コースを有する玉川大学の出版部から出していただけることは光栄である。「教育の

玉川」として知られてきた玉川大学は、大学の方針として教師教育を推進していこうとしている。翻訳者の森山賢一氏が教師教育リサーチセンター長を務め、武田が大学院教育学研究科非常勤講師、山辺氏が教師教育リサーチセンター研究員を務めている大学である。玉川大学出版部の森貴志さん、相馬さやかさんには、お忙しい中、各種調整にご尽力いただき、丁寧な翻訳校正を手がけていただいて出版までこぎつけることができた。また、本書は平成29年度武蔵大学研究出版助成を受けている。『教師教育学』に加えて2冊目の教師教育関係書出版に助成してくださった武蔵大学に心より感謝している。

　本書が日本の教師教育者研究の基本書として読まれ、子どもたちの幸せにつながるよい研究が生まれますように。

2017年8月吉日

訳者を代表して　武田信子

付録 | 選出された先行研究とその概要

　ここでは、本書で紹介した先行研究レビューのために選出された137本の論文の一覧表を提示する。

　表は第1〜9列からなる。第1列は、著者名、論文名、掲載ジャーナル名、号数、掲載ページをまとめている。第2列には、研究が実施された国名が記載されている。文献研究もしくはエッセイの場合は、その著者が働く国を記載した。使用した略語は以下である。

AUS	オーストラリア
B(FL)	ベルギー
CAN	カナダ
CH	中国
ENG	イングランド
EU	ヨーロッパ連合
FIN	フィンランド
HK	香港
ISR	イスラエル
LAT	ラトビア
NL	オランダ
N-Z	ニュージーランド
NO	ノルウェー
S-A	南アフリカ
SC	スコットランド
SER	セルビア
SW	スウェーデン
TUR	トルコ
UK	イギリス
USA	アメリカ

第3列は、研究の目的である。研究上のリサーチ・クエスチョンが書き写されている場合のほか、リサーチ・クエスチョンがなかったり、文脈上でしかわからなかったりした場合には、筆者らが研究の目的をまとめた。第4列には、研究方法がまとめられている。第3列と同様に、研究方法が論文に記されていることもあったが、しばしば研究内容から方法を推定する必要があった。これは必ずしも簡単な作業ではなかったが、筆者らで相談し、できる限り特定した。分類はかなり一般的なものになっている。例えば、セルフスタディとケーススタディは、研究の規模と参加者数において様々であった。1人か2、3人の参加者を扱う単一のケースを報告しているケーススタディの論文もあれば、多くの参加者を扱う複数の、もしくは長期のケースについて報告している論文もある。同じことは、セルフスタディの論文についても言える。

　第5列は研究のデータソースである。第6列には研究対象となっている教師教育者の数が、第7列には「その他の人」（例えば、教師をめざす学生）の数がまとめられている。

　第8列、第9列は、筆者らのリサーチ・クエスチョン（p.15）に対するそれぞれの研究の回答を示している。第8列を見れば、どの研究が私たちの2番目のリサーチ・クエスチョンに答えること（つまり教師教育者の6つの専門職としての役割とそれに伴う行動を決定づける重要な特性を明らかにすること）に貢献しているかがわかる。第9列は、どの研究が3番目のリサーチ・クエスチョンに答えること（つまり6つの専門職としての役割とそれに伴う行動に関する専門性開発を促す重要な特性を明らかにすること）に貢献しているかをまとめている。

　いくつかの研究は、例えば専門職としての役割の解説など、本研究の他の部分の記述に使われている。このような場合、第8列と第9列は空欄になっていることがある。

	論文	国名	リサーチ・クエスチョン
1	Adler, S. M.(2011). Teacher epistemology and collective narratives: Interrogaing teaching and diversity. *Teaching and Teacher Education, 27*(3), 609-618.	USA	自分自身の、あるいは指導学生の、個人的なあるいは社会的な生き方、ヒエラルキーの中に置かれた教師の人種的文化的存在としての信念や経験、バイアスを含む「知のあり方」はどのようなものか。有色人種の家庭とどう関わってきたか。また、そのことが、多様性についての知識基盤と教え方にどのようなインパクトを与えたか。
2	Andrew, L.(2007). Comparison of teacher educators' instructional methods with the constructivist ideal. *The Teacher Educator, 42*(3), 157-184.	USA	初等教育の学生のための数学のコースでどのような教示方法が用いられたか。その教示方法は構成主義的学習理論とどの程度一貫していたか。
3	Arreman, I. E., & Weiner, G.(2007). Gender, research and change in teacher education: A Swedish dimension. *Gender and Education, 19*(3), 317-337.	SW	国家や地方政策において、どのような問題が、教師教育の研究開発を促進したり妨げたりするか。
4	Bair, M. A., Bair, D. E., Mader, C. E., Hipp, S., & Hakim, I.(2010). Faculty emotions: A self-study of teacher educators. *Studying Teacher Education, 6*(1), 95-111.	USA	教師教育の授業の中で、感情の果たす役割は何か。教授が、学生や大学の校風と異なる文化を持っているとき、そのギャップをどう埋めるか。
5	Barrera, A., Braley, R. T., & Slate, J. R.(2010). Beginning teacher success: An investigation into the feedback from mentors of formal mentoring programs. *Mentoring & Tutoring: Partnership in Learning, 18*(1), 61-74.	USA	メンターが新任教師を成功に導くために、どんなサポートが必要か。メンターが教示を行うにあたって、サポートスタッフの能力開発トレーニングに必要な要素は何か。メンターが新任教師を成功に導くために、どんな事務サポートが必要か。メンターが新任教師の指導を成功させるために、どんな教材が必要か。
6	Berry, A.(2009). Professional self-understanding as expertise in teaching about teaching. *Teachers and Teaching, 15*(2), 305-318.	AUS	生物の教え方を学生にどのように教えるかを学ぶ際に、生物の教師としての自分の体験を言語化し、記述し、分析することがどう役に立つか。
7	Blaise, M. & Elsden-Clifton, J.(2007). Interventing or ignoring: Learning about teaching in new times. *Asia-Pacific Journal of Teacher Education, 35*(4), 387-407.	AUS	「新しい学習」の枠組みの中で授業が再編されたとき、どのような教育学上の複雑性が生じるか。
8	Boote, D. N.(2003).Teacher educators as belief-and-attitude therapists: Exploring psychodynamic implications of an emerging role. *Teachers and Teaching, 9*(3), 257-277.	USA	教師教育者が経験の浅い教師とともに働く際、特に専門性開発のファシリテーターの役割と教師教育者になるにあたってのゲートキーパーとしての役割の板挟みになったとき、複合的なアジェンダ（信念やあり方への介入、すなわち、リフレクションを捉す問いかけ）を立てることの効果はどのようなものか。

研究方法	データソース	教師教育者の数	その他の人の数	役割と行動	役割と行動の専門性開発
アクションリサーチ、セルフスタディ	テキスト、学生の提出課題、メモ、リフレクション	教師教育機関ベースの教師教育者1人	学生18人	教師の教師	
ケーススタディ	観察、インタビュー、質問紙	教師教育機関ベースの教師教育者4人		教師の教師	
インタビュー調査	インタビュー	教師教育機関ベースの教師教育者52人	マネージャー5人	カリキュラム開発者	
セルフスタディ	メモ、リフレクション、授業評価、ビデオ、同僚の観察、ディスカッションの場	教師教育機関ベースの教師教育者5人		教師の教師	
社会調査	質問紙	学校現場のファシリテーター46人		コーチ	コーチ
セルフスタディ	自分史、ビデオ、日誌、メモ、観察、提出課題、インタビューとメールのやりとり	教師教育機関ベースの教師教育者1人	生徒28人（提出課題）、生徒8人（インタビュー）、生徒1名（メールのやりとり）	教師の教師	
セルフスタディ	リフレクション、ミーティング、学生とのメールのやりとり	教師教育機関ベースの教師教育者2人	学生304人	カリキュラム開発者	
エッセイ				コーチ、ゲートキーパー	

	論文	国名	リサーチ・クエスチョン
9	Bronkhorst, L. H., Meijer, P. C., Koster, B., & Vermunt, J. D.(2011). Fostering meaning-oriented learning and deliberate practice in teacher education. *Teaching and Teacher Education, 27*(7), 1120-1130.	NL	熟達した教師教育者によれば、教え方を学ぶに際して、意味志向の学習と認知行動を変化させる実践はどう定義されるか。
10	Bullock, S. M. & Ritter, J. K.(2011). Exploring the transition into academia through collaborative self-study. *Studying Teacher Education, 7*(2), 171-181.	USA、CAN	自身を理解し、自身の教師教育実践を理解するにあたって、何がそのターニングポイントとなるか。
11	Bullough, R. V.(2005). Being and becoming a mentor: School-based teacher educators and teacher educator identity. *Teaching and Teacher Education, 21*(2), 143-155.	USA	中等教育の教師が、2人の英語教育の実習生と1年間ともに働く中で、教師としてのアイデンティティから移行してメンターとしてのアイデンティティを獲得しようとした苦闘から何を学ぶことができるか。
12	Bullough, R. V. & Draper, R. J.(2004). Making sense of a failed triad - Mentors, university supervisors, and positioning theory. *Journal of Teacher Education, 55*(5), 407-420.	USA	高校の数学教育の実習生と、彼女のメンター、大学の指導教授の3人構成で行われた大学の1年間の授業で、メンタリングの経験とメンターを監督する経験はどのようなものだったか。
13	Bullough, R. V., Draper, R. J., Smith, L., & Birrell, J. R.(2004). Moving beyond collusion: Clinical faculty and university/public school partnership. *Teaching and Teacher Education, 20*(5), 505-521.	USA	実践に携わる臨床系教職員の役割をどのように発展させるか、そしてそれを研究ベースの教職員と実践ベースの教職員の両方にどのようにして理解されるようにするか。つまり、その役割に従事する人々の間での満足と不満足の原因は何か。また、実践ベースと研究ベースの教師教育者の間で展開される関係はどのような性質のものか。あるいは、実践ベースの教職員に対する研究ベースの教師教育者の態度はどのようなものか。
14	Burn, K.(2007). Professional knowledge and identity in a contested discipline: Challenges for student teachers and teacher educators. *Oxford Review of Education, 33*(4), 445-467.	ENG	学校現場と高等教育機関のパートナーシップの中で、教育実習生が自分の教科に特有の専門的知識を広げ深めるにあたって、何が課題や緊張をはらむ問題となり得るか。
15	Byrd, D. R., Hlas, A. C., Watzke, J., & Valencia, M. F. M.(2011).An examination of culture knowledge: A study of L2 teachers' and teacher educators' beliefs and practices. *Foreign Language Annals, 44*(1), 4-39.	USA	外国語の教え方を学ぶ際、文化、あるいは成果や実践や観点を捉える枠組みは、どの程度まで焦点となるか。文化的な知識を維持するための動機づけ要因やリソースは何か。障壁は何か。
16	Cabaroglu, N. & Tillema, H. H.(2011). Teacher educator dilemmas: A concept to study pedagogy. *Teachers and Teaching, 17*(5), 559-573.	TUR	学生に教え方を教えるとき、(もしあれば)どんなジレンマに直面するか。それらのジレンマに対処するのにどんな方略が使用されるか。先行研究の結果と比較し、対比したとき、そこから何が導かれるか。
17	Carroll, D.(2005). Learning through interactive talk: A school-based mentor teacher study group as a context for professional learning. *Teaching and Teacher Education, 21*(5), 457-473.	USA	参加者の専門職としての学びを促そうとした研究グループにおいて、アイデアをともに構築し、その価値をともに確認する試みは、どのように展開したか。問いかけを志向する専門的ディスコースのためのリーダーシップの課題は何か。

研究方法	データソース	教師教育者の数	その他の人の数	役割と行動	役割と行動の専門性開発
インタビュー調査	インタビュー	教師教育機関ベースの教師教育者11人		教師の教師	
セルフスタディ	ブログ	教師教育機関ベースの教師教育者2人			教師の教師
ケーススタディ	メールのやりとり、日誌、ミーティング、インタビューとディスカッション	学校現場のファシリテーター1人	学生2人	コーチ仲介者	
ケーススタディ	日誌、メールのやりとり、ミーティング、インタビューとディスカッション	教師教育機関ベースの教師教育者1人、学校現場のファシリテーター1人	学生1人	仲介者	
インタビュー調査	インタビュー	臨床系教職員32人、大学教師教育者14人	学部長1人、学科長2人		仲介者
ケーススタディ	会話、インタビュー、提出課題、観察メモ、質問紙、ワークショップの評価と授業評価	教師教育機関ベースの教師教育者2人、学校現場のファシリテーター3人	学生5人	コーチ	コーチ
社会調査	質問紙	教師教育機関ベースの教師教育者64人	教師415人		教師の教師
インタビュー調査	インタビュー、観察	教師教育機関ベースの教師教育者12人		教師の教師	
アクションリサーチ、セルフスタディ	ミーティング、インタビュー、メールのやりとり、メモ、ディスカッション、授業計画	学校現場のファシリテーター5人、教師教育機関ベースの教師教育者1人		カリキュラム開発者、仲介者	コーチ

	論文	国名	リサーチ・クエスチョン
18	Chauvot, J. B.(2009). Grounding practice in scholarship, grounding scholarship in practice: Knowledge of a mathematics teacher educator-researcher. *Teaching and Teacher Education, 25*(2), 357-370.	USA	自分が判断材料とするために探し求めてきたのは、また使用するのは、どのような知識か。つまり、何のためにその知識を得ようとしているか。その知識は何のカテゴリーに入るか。そして、いかにしてその知識は組み立てられたのか。
19	Chetty, R. & Lubben, F.(2010). The scholarship of research in teacher education in a higher education institution in transition. *Teaching and Teacher Education 26*(4), 813-820.	S-A	工科大学の中で、教師教育者が見出した学術研究の力学とは何か。これらの教師教育者は、他の学問分野との比較において、学術研究に関する自分の役割にどのように気づくのか。
20	Choi, J. A.(2011). A Self-Study of the teaching of action research in a university context. *Studying Teacher Education, 7*(1), 35-49.	USA	アクションリサーチについて、学生が理解していること、理解していないことは何か。学生の理解を妨げているのは何か。自分が特定した大学ベースの行動研究についてのペダゴジー上の懸念とは何か。これらの教師−研究者が行動研究の概念をもっとよく理解して、意義ある計画を実行するのを援助するために自分にできることは何か。
21	Clandinin, D. J., Downey, C. A., & Huber, J. (2009). Attending to changing landscapes: Shaping the interwoven identities of teachers and teacher educators. *Asia-Pacific Journal of Teacher Education, 37*(2), 141-154.	CAN	教育領域の変化や教師のアイデンティティの変化は、教師と協働する教師教育者のアイデンティティに対して何を意味するか。
22	Cochran-Smith, M.(2000). Blind vision: Unlearning racism in teacher education. *Havard Educational Reviw, 70*(2), 157-190.	USA	教師教育において、人種差別を学び直すために、私たちが取り組む必要がある複雑な課題とは何か。
23	Cochran-Smith, M.(2003).Learning and unlearning: The education of teacher educators. *Teaching and Teacher Education. 19*(1), 5-28.	USA	「探求し続ける姿勢」は、どのようにして教師教育者の教育を向上させることができるか。
24	Cochran-Smith, M.(2005). Teacher educators as researchers: Multiple perspectives. *Teaching and Teacher Education, 21*(2), 219-225.	USA	教師教育者による研究には、どんな観点や葛藤が認められるか。これらは教師教育者の教育に対して何を示唆するのか、そして変化している社会の中で専門職としての教師教育者に関するディスカッションに必要なことは何か。
25	Cothran, D., McCaughtry, N., Smigell, S., Garn, A., Kulinna, P., Martin, J. J., & Faust, R.(2008). Teachers' preferences on the qualities and roles of a mentor teacher. *Journal of Teaching in Physical Education, 27*(2), 241-251.	USA	教師は効果的なメンタリングをどのようなものと考えるか。それらの観点は、理論モデルとどうつながるか。
26	Crasborn, F., Hennissen, P., Brouwer, N., Korthagen, F., & Bergen, T.(2008). Promoting versatility in mentor teachers' use of supervisory skills. *Teaching and Teacher Education, 24*(3), 499-514.	NL	学生に指導する際、メンターが促すリフレクションに対する指導技術の使用に、SMARTのトレーニングは影響を与えるか。

研究方法	データソース	教師教育者の数	その他の人の数	役割と行動	役割と行動の専門性開発
セルフスタディ	シラバス、レポート、文書、日誌、文献リスト	教師教育機関ベースの教師教育者1人			教師の教師
インタビュー調査	インタビュー	教師教育機関ベースの教師教育者20人		研究者	
セルフスタディ	日誌、シラバス、クラス・ディスカッションのメモ、学生の提出課題、メールのやりとり、授業評価	教師教育機関ベースの教師教育者1人	アクションリサーチの4コースの学生（各コース10～25人）		教師の教師
エッセイ	ストーリーのナラティブな描写			教師の教師	
セルフスタディ	ナラティブ	教師教育機関ベースの教師教育者1人		教師の教師	
ケーススタディ	複合研究/論文	教師教育機関ベースの教師教育者11人、フィールドワークの監督者14人	博士課程の学生15人		教師の教師、コーチ
エッセイ				研究者	
比較研究	インタビュー	学校現場のファシリテーター15人	初任の教師15人	コーチ	
疑似実験	指導のためのミーティング	学校現場のファシリテーター30人			コーチ

	論文	国名	リサーチ・クエスチョン
27	Crasborn, F., Hennissen, P., Brouwer, N., Korthagen, F., & Bergen, T.(2010). Capturing mentor teaches' reflective moments during mentoring dialogues. *Teachers and Teaching, 16*(1), 7-29.	NL	メンターがスーパーバイズする技術のトレーニングを受ける前後において、学生指導時の会話中に自分がリフレクションをする頻度はどう変わるか。その頻度に変化があった場合、その変化はスーパーバイズの技術の使用の変化と関係があるか。刺激再生法とプッシュボタン法を同時に適用することは、2つの方法の効果をそれぞれ検証・改善するためのエビデンスを出すことにつながるか。
28	Crasborn, F., Hennissen, P., Brouwer, N., Korthagen, F., & Bergen, T.(2011). Exploring a two-dimensional roles in mentoring dialogues. *Teaching and Teacher Education, 27*(2), 320-331.	NL	対話を指導するメンターの役割の2次元モデルは、メンターのスーパーバイズ行動に関するリフレクションを促進するために有効な枠組みなのか。抽出された鍵となる側面を、対話を指導するメンターのスーパーバイズ行動の研究のための概念を築くことと結びつけるにはどうすればいいか。
29	Davey, R. & Ham, V.(2010). It's all about paying attention! …but to what? The'6 Ms'of mentoring the professional learning of teacher educators. *Professional Development in Education, 36*(1-2), 229-244.	N-Z	教師にリフレクションを促しつつ、自らもまたリフレクションを実践する者として、教師教育者を悩ませる問題は何か。教師教育者のメンターとしての我々が指導を実践する際に、これらの悩みが生み出す課題は何か。私たちの同僚の専門的な学習に対する悩みに対処するために、最も効果的な指導戦略はどれであったか。
30	Dawson, K. & Bondy, E.(2003). Reconceptualizing the instruction of a teacher educator: Reflective peer coaching in teacher education. *Teaching Education, 14*(3), 319-331.	USA	経験の浅い教師教育者が、ベテランの教師教育者とともにピア・コーチングの形でリフレクションをすることで、自分の教え方と学生の学びについてどのように洞察することができるか。
31	Delandshere, G. & Arens, S. A.(2003). Examining the quality of the evidence in preservice teacher portfolios. *Journal of Teacher Education, 54*(1), 57-73.	USA	教師教育プログラムにおいてポートフォリオはどのような目的で用いられるか。ポートフォリオの作成において、自らの教育をどのようなものと示し、何を反映した結果としてエビデンスを出しているか。
32	Dever, M. T., Hager, K. D., & Klein, K.(2003). Building the university/public school partnership: A workshop for mentor teachers. *The Teacher educator, 38*(4), 245-255.	USA	メンターは、ワークショップで教育実習生に与えたフィードバックに関する情報の有用性について、どのように感じているか。
33	Dinkelman. T.(2003). Self-study in teacher education: A means and ends tool for promoting reflective teaching. *Journal of Teacher Education, 54*(1), 6-18.	USA	リフレクションを志向する教師教育プログラムにおいて、セルフスタディの活用の理論的合理性は何か。

研究方法	データソース	教師教育者の数	その他の人の数	役割と行動	役割と行動の専門性開発
疑似実験	指導のためのミーティング	学校現場のファシリテーター 30人		コーチ	コーチ
相関研究	指導のためのミーティング	学校現場のファシリテーター 20人		コーチ	
セルフスタディ	ディスカッション、ワークショップ、メモ、リフレクション、研究計画	教師教育機関ベースの教師教育者-研究者1人、他の教師教育者のグループ	校長1人	仲介者	コーチ
セルフスタディ	観察、フィールドノート、インタビュー、リフレクション日誌、学生のリフレクション	教師教育機関ベースの教師教育者2人	学生グループ		教師の教師
ケーススタディ	ポートフォリオ、学生のインストラクションワークショップ、ポートフォリオのプレゼンテーション、教師教育者とのインタビュー、学生とのフォーカスグループミーティング	3つの教師教育機関から、それぞれ教師教育者2-3人	学生12人	ゲートキーパー	
社会調査	質問紙	学校現場のファシリテーター 32人			コーチ
エッセイ					教師の教師

	論文	国名	リサーチ・クエスチョン
34	Dinkelman, T., Margolis, J., & Sikkenga, K. (2006). From teacher to teacher educator: Reframing knowledge in practice. *Studying Teacher Education, 2*(2), 119-136.	USA	経験の浅い教師教育者は、意思決定の際にどのような知識基盤を用いるか。状況を理解する力はどのように身についていくか。学級で教えている立場から大学の教師教育者の役割に移行する教師は、制度的あるいは文脈的にどのような挑戦やサポートを体験するか。経験の浅い教師教育者は、専門家としてのアイデンティティをどのように身につけ、そのアイデンティティは、教師としてのアイデンティティとどの程度異なるか。
35	Donche, V. & Van Petegem, P.(2011). Teacher educators' conceptions of learning to teach and related teaching strategies. *Research Papers in Education, 26*(2), 207-222.	BE(FL)	教師教育者は、「教えることを学ぶ」という概念や、教授法に関して、どのように異なるのか。「教えることを学ぶ」という概念と教授法には、どの程度関連性があるか。性別、経験、受けて来た訓練のような個人的、環境的要因は、教師教育者の考え方や方略にどうつながっているか。
36	Dozier, C. L. & Rutten, I.(2005). Responsive teaching toward responsive teachers: Mediating transfer through intentionality, enactment, and articulation. *Journal of Literacy Research, 37*(4), 459-492.	USA	教師教育者として、教師が「応答性のある教え方」ができるようになるために我々はどうすればよいか。
37	Draper, R. J.(2008). Redefining content-area literacy teacher education: Finding my voice through collaboration. *Harvard Educational Review, 78*(1), 60-83.	USA	同僚と協力し合う中で、自分はどのように専門職の役割を理解するようになり、テキストを定義づけ、リテラシーを身につけていったか。
38	Drent, M. & Meelissen, M.(2008). Which factors obstruct or stimulate teacher educators to use ICT innovatively? *Computers & Education, 51*(1), 187-199.	NL	教師教育者によるICTの革新的な活用のきっかけや限界の要因は何か。
39	Erickson, G., Brandes, G. M., Mitchell, I., & Mitchell, J.(2005). Collaborative teacher learning: Findings from two professional development projects. *Teacher and Teacher Education, 21*(7), 787-798.	AUS CAN	学級担任と教師教育者の協働を通して、参加者の専門性開発を促進するにはどうすればいいか。
40	Gallagher, T., Griffin, S., Ciuffetelli Parker, D., Kitchen, J., & Figg, C.(2011). Establishing and sustaining teacher educator professional development in a self-study community of practice: Pre-tenure teacher educators developing professionally. *Teaching and Teacher Education, 27*(5), 880-890.	CAN	任期付き採用の教師教育者の専門性開発のためのセルフスタディを立ち上げる場合、その課題と効果は何か。
41	Galman, S., Pica-Smith, C., & Rosenberger, C.(2010). Aggressive and tender navigations: Teacher educators confront whiteness in their practice. *Journal of Teacher Education, 61*(3), 225-236.	USA	教師教育者として、人種差別反対主義についての実践と信念はどのようなものか。自分たちのプログラムにおいて、教育実習生は、人種やレイシズムをどのように体験するか。実習生の経験は、我々自身の実践や信念に対する理解をどのように反映し、補強し、問題とするか。

研究方法	データソース	教師教育者の数	その他の人の数	役割と行動	役割と行動の専門性開発
ケーススタディとセルフスタディ	リフレクション日誌インタビュー	教師教育機関ベースの教師教育者2人			教師の教師
相関研究	質問紙	教師教育者119人		教師の教師	
アクションリサーチ、セルフスタディ	録画した授業記録、コミュニティの会話、セミナーのフィールドノート、リフレクションのエッセイ	教師教育機関ベースの教師教育者2人	学生12人	教師の教師	
セルフスタディ	同僚との会話、同僚の観察、メールのやりとり	教師教育機関ベースの教師教育者1人			教師の教師
社会調査、インタビュー調査	ICTモニター、質問紙、インタビュー	教師教育機関ベースの教師教育者210人	学生数人	カリキュラム開発者	教師の教師
比較研究	2つのコミュニティの経験(オーストラリアとカナダ)			仲介者	
セルフスタディ	リフレクション、記録、メモ	教師教育機関ベースの教師教育者5人			教師の教師
セルフスタディ	グループインタビュー、メールのやりとり、通信記録、議事録、会話、シラバス	教師教育機関ベースの教師教育者3人	学生5人、卒業生2人	教師の教師	

	論文	国名	リサーチ・クエスチョン
42	Gemmell, T., Griffiths, M., & Kibble, B.(2010). What kind of research culture do teacher educators want, and how can we get it? *Studying Teacher Education, 6*(2), 161-174.	SC	我々はどんな研究文化を欲し、それをどのように所属機関に取り入れるか。
43	Geursen, J., de Heer, A., Korthagen, F. A. J., Lunenberg, M., & Zwart, R.(2010). The importance of being aware: Developing professional identities in educators and researchers. *Studying Teacher Education, 6*(3), 291-302.	NL	実習生が、外国語教育に関する観点を発展させるのに役立つ介入はどのようなものであり、このプロセスにおいて自分はどのような役割を果たすのか。コアリフレクションのいくつかの要素の導入は、実習生の教育実践に関するリフレクションにどのように働くか。教師教育者のセルフスタディのプロセスをサポートする際、何が刺激となり何が禁忌となる要素なのか。
44	Gort, M. & Glenn, W. J.(2010). Navigating tensions in the process of change: An English educator's dilemma management in the revision and implementation of a diversity-infused methods course. *Research in the Teaching of English, 45*(1), 59-86.	USA	新しいカリキュラムのデザインと実施において生じるジレンマをどう取り扱っていくか。
45	Goubeaud, K. & Yan, W.(2004). Teacher educators' teaching methods, assessments, and grading: A comparison of higher education faculty's instructional practices. *The Teacher Educator, 40*(1), 1-16.	USA	教師教育者の教育方法、事前評価、事後評価とはどのようなものか。これらは、様々なタイプの伝統的で構成主義的な方略を用いる、他の高等教育機関の教員のそれと異なるか。
46	Graham, P.(1998). Teacher research and collaborative inquiry: Teacher educators and high school English teachers. *Journal of Teacher Education, 49*(4), 255-265.	USA	教育実習生に関する研究を、教師教育者と学校現場のメンターが協働で行うことは、教師教育者のグループに、肯定的な意味において、どのような影響をもたらすか。
47	Granberg, C.(2010). E-portfolios in teacher education 2002-2009: The social construction of discourse, design and dissemination. *European Journal of Teacher Education, 33*(3), 309-322.	SW	デジタル・ポートフォリオの設計は、どのようになされてどのように理解され得るか。教師教育者は理解をしてコミュニケーションをとれるようになるか。デジタル・ポートフォリオの普及をどう理解すればいいか。
48	Greensfeld, H. & Elkad-Lehman, I.(2007). An analysis of the processes of change in two science teacher educators' thinking. *Journal of Research in Science Teaching, 44*(8), 1219-1245.	ISR	自らの専門性開発に関して理系の教師教育者がナラティブの形で表現する思考プロセスにおける変化から、何が学ばれ得るか。
49	Griffiths, V., Thompson, S., & Hryniewicz, L. (2010). Developing a research profile: Mentoring and support for teacher educators. *Professional Development in Education, 36*(1-2), 245-262.	ENG	研究業績を積み上げていく際に、教師教育者が出会う障壁や問題は何か。どうすれば効果的なメンタリングやサポートができるか。
50	Grossman, P., Hammerness, K., & McDonald, M.(2009). Redefining teaching, reimagining teacher education. *Teachers and Teaching, 15*(2), 273-289.	USA	教育の再概念化に基づくと、つまり臨床実践こそ重要と受け止めるようになると、教師教育の将来的な方向性はどうなるか。

研究方法	データソース	教師教育者の数	その他の人の数	役割と行動	役割と行動の専門性開発
セルフスタディ	ディスカッション記録、グループメンバーによるまとめ、リフレクション	教師教育機関ベースの教師教育者9人		研究者	研究者
セルフスタディ	ビデオ、インタビュー、日誌、ミーティング、ディスカッション、メールのやりとり	教師教育機関ベースの教師教育者5人			教師の教師、研究者
セルフスタディ	日誌、メモ、リフレクション	教師教育機関ベースの教師教育者2人		教師の教師	
相関研究	国レベルの研究で集められた教師教育機関の代表的な教員サンプル	教師教育機関ベースの教師教育者524人	教職員30,830人	教師の教師、ゲートキーパー	
アクションリサーチ	グループディスカッション、インタビュー、日誌	教師教育機関ベースの教師教育者2人、メンター25人	学生20人	仲介者	
社会調査、インタビュー調査	インタビュー、質問紙	教師教育機関ベースの教師教育者67人		ゲートキーパー	
インタビュー調査	インタビュー、整理された文書	教師教育機関ベースの教師教育者7人			教師の教師
インタビュー調査	インタビュー	教師教育機関ベースの教師教育者6人	研究者 - メンター 6人	研究者	研究者
エッセイ				カリキュラム開発者	

	論文	国名	リサーチ・クエスチョン
51	Hadar, L. & Brody, D.(2010). From isolation to symphonic harmony: Building a professional development community among teacher educators. *Teaching and Teacher Education, 26*(8), 1641-1651.	ISR	教師教育者は、専門性開発コミュニティへの参加が自らの専門性開発に貢献するということをどのように理解しているか。
52	Hall, K. M., Draper, R. J., Smith, L. K., & Bullough, R. V.(2008). More than a place to teach: Exploring the perceptions of the roles and responsibilities of mentor teachers. *Mentoring & Tutoring: Partnership in Learning, 16*(3), 328-345.	USA	メンターは、自分の役割と責任をどのようなものと思っているか。メンターは、メンタリングの様々な局面に、どのような相対的価値観を持っているか。困難なメンタリング状況は、メンタリングやメンターとしての自分についての考え方にどんな影響を及ぼしているか。
53	Harrison, J. & McKeon, F.(2008). The formal and situated learning of beginning teacher educators in England: Identifying characteristics for successful induction in the transition from workplace in schools to workplace in higher education. *European Journal of Teacher Education, 31*(2), 151-168.	ENG	新しい環境における専門的な学びをサポートし、研究者としてのアイデンティティ形成を支えるに際して、主な促進要因と阻害要因は何か。
54	Harrison, J. & McKeon, F.(2010). Perceptions of beginning teacher educators of their development in research and scholarship: Identifying the'turning point'experiences. *Journal of Education for Teaching, 3*6(1), 19-34.	ENG	新任の教師教育者は研究と学術活動にどう取り組むか。達成しようと試みることは何か。なぜ彼らは学術活動にアプローチするのか。
55	He, A. E.(2009). Bridging the gap between teacher educator and teacher in a community of practice: A case of brokering. *System, 37*(1), 153-163.	HK	意思決定プロセスに仲介者の役割を果たす教師教育者はどう関与したか。参加者の間で決定の交渉がなされている間、次々と起こる一連の出来事はどのようなものだったか。
56	Hennissen, P., Crasborn, F., Brouwer, N., Korthagen, F., & Bergen, T.(2008). Mapping mentor teachers' roles in mentoring dialogues. *Educational Research Review, 3*(2), 168-186.	NL	先行研究では、メンタリングにおいてメンターの指導の鍵となる局面のうち、どの局面が探求されたのか。先行研究からメンタリングにおけるメンターの指導に関して何がわかったか。重要な局面として導き出された局面は、メンタリングの対話におけるメンターの指導の研究の概念枠組みをつくるために、どのように関連づけられるか。
57	Hennissen, P., Crasborn, F., Brouwer, N., Korthagen, F., & Bergen, T.(2010). Uncovering contents of mentor teachers' interactive cognitions during mentoring dialogues. *Teaching and Teacher Education, 26*(2), 207-214.	NL	メンターの相互認知の内容は何か。メンターの相互認知の内容は、指導技術のトレーニングの前後で異なるか、もしそうなら、それはどのような観点においてか。
58	Holt-Reynolds, D.(2000). What does the teacher do? Constructivist pedagogies and prospective teachers' beliefs about the role of a teacher. *Teaching and Teacher Education, 16*(1), 21-32.	USA	学士課程の学生は、教師の役割をどのようなものと考えているか。彼らはアクティブ・ラーニングの方略と、構成主義を基盤とした学習方略の違いを理解しているか。

研究方法	データソース	教師教育者の数	その他の人の数	役割と行動	役割と行動の専門性開発
ケーススタディ	インタビュー、リフレクション、レポート	教師教育機関ベースの教師教育者8人			教師の教師
社会調査、インタビュー調査	質問紙、インタビュー	学校現場のファシリテーター 264人		コーチ 仲介者	
ケーススタディ	専門性開発のレポート、インタビュー	教師教育機関ベースの教師教育者5人		教師の教師	教師の教師
インタビュー調査	インタビュー	教師教育機関ベースの教師教育者3人			教師の教師、研究者
ケーススタディ	コミュニティのミーティング	教師教育機関ベースの教師教育者3人	教師2人、スタッフ2人	仲介者	
文献研究	26本の研究				
疑似実験	メンタリングのやりとり、刺激再生法によるインタビュー	学校現場のファシリテーター 38人			コーチ
ケーススタディ	インタビュー	教師教育機関ベースの教師教育者1人	学生1人		教師の教師

	論文	国名	リサーチ・クエスチョン
59	Houston, N., Ross, H., Robinson, J., & Malcolm, H.(2010). Inside research, inside ourselves: Teacher educators take stock of their research practice. *Educational Action Research, 18*(4), 555-569.	SC	我々はどんな種類の研究文化を求めていて、どのように手に入れるのか。
60	Jaruszewicz, C. & Landrus, S.(2005). Help! I've lost my research agenda: Issues facing early childhood teacher educators. *Journal of Early Childhood Teacher Education, 25*(2), 103-112.	USA	幼児教育の教師教育者研究や学術に向かう姿勢を妨害する社会要因は何か。
61	John, P. D.(2002). The teacher educator's experience: Case studies of practical professional knowledge. *Teaching and Teacher Education, 18*(3), 323-341.	ENG	教師教育者が満たすべき役割は何か、また、実習生とともに働く際にそれを下支えする知識や必要な理解はどのようなものか。
62	Katz, E. & Coleman, M.(2005). Autonomy and accountability of teacher-educator researchers at a college of education in Israel. *Innovations in Education and Teaching International, 42*(1), 5-13.	ISR	大学における研究コミュニティが影響を及ぼす範囲はどこまでか。教師教育者研究を行う者が、研究職として説明責任を感じるのは誰に対してか。学術研究を行う教師教育者が責任を負ってもよいと思う範囲はどこまでか。
63	Kim, M. & Schallert, D. L.(2011). Building caring relationships between a teacher and students in a teacher preparation program word-by-word, moment-by-moment. *Teaching and Teacher Education, 27*(7), 1059-1067.	USA	オンライン・コミュニケーションを活用した事前の読書課題に取り組むという文脈において、学生と教師教育者のよい関係性はどのように形成されたか。
64	Kitchen, J. & Stevens, D.(2008). Action research in teacher education: Two teacher-educators practice action research as they introduce action research to pre-service teachers. *Action Research, 6*(1), 7-28.	CAN	教員養成プログラムに最低限必要な項目とプログラムの限界を考えたとき、専門職として学生をエンパワーするような方法で、彼らにアクションリサーチを学ばせることは可能か。
65	Korthagen, F., Loughran, J., & Russell, T.(2006). Developing fundamental principles for teacher education programs and practices. *Teaching and Teacher Education, 22*(8), 1020-1041.	NL AUS CAN	教師教育者と実習生の期待や要求、及び実践に対応できる教師教育プログラムと実践の中心原則は何か。
66	Kosnik, C. & Beck, C.(2008). We taught them about literacy but what did they learn? The impact of a preservice teacher education program on the practices of beginning teachers. *Studying Teacher Education. 4*(2), 115-128.	CAN	読み方を教え、児童生徒の学びを確かなものにするために必要な一般的な知識や教科内容に関する知識を習得すること、そして、場面に応じて適切な教育方法のアプローチや理論を組み立てていけるようになることを、教職に就いたばかりの非常に過酷な数年間において無理のない範囲で実現させるためには、新任の教師はどうすればよいか。
67	Kosnik, C., Cleovoulou, Y., Fletcher, T. Harris, T., McGlynn-Stewart, M., & Beck, C.(2011). Becoming teacher educators: An innovative approach to teacher educator preparation. *Journal of Education for Teaching. 37*(3), 351-363.	CAN	「教師教育者になる(BTE; Becoming Teacher Educators)」というコミュニティは、博士課程の学生をどのようにサポートし得るか。BTEによって、教師教育者になることについての大学院生の理解はどのように変化したか。BTEによって、大学院生が専門職として持つ長期的な目標はどのように変化したか。

研究方法	データソース	教師教育者の数	その他の人の数	役割と行動	役割と行動の専門性開発
セルフスタディ	グループミーティング、ブログ、リフレクション	教師教育機関ベースの教師教育者9人		研究者	研究者
社会調査	質問紙	教師教育機関ベースの教師教育者57人		研究者	研究者
ケーススタディ	インタビュー、観察	教師教育機関ベースの教師教育者6人			
社会調査	質問紙	教師教育機関ベースの教師教育者96人			研究者
ケーススタディ	オンライン投票、インタビュー、観察、メモ、日誌	教師教育機関ベースの教師教育者1人	学生3人	教師の教師	
セルフスタディ	研究プロポーザル、レポート、リフレクション、日誌	教師教育機関ベースの教師教育者2人	学生32人		研究者
ケーススタディ	研究レポート、プログラム文書			教師の教師、カリキュラム開発者	
セルフスタディ	授業概要、教材、インタビュー	教師教育機関ベースの教師教育者10人	経験の浅い教師22人	カリキュラム開発者	
セルフスタディ	毎月の課題、リフレクション・メモ、質問紙、フォーカスグループ	教師教育機関ベースの教師教育者2人	博士課程の大学院学生12人		教師の教師、研究者

	論文	国名	リサーチ・クエスチョン
68	Koster, B., Brekelmans, M., Korthagen, F. & Wubbels, T.(2005). Quality requirements for teacher educators. *Teaching and Teacher Education, 21*(2), 157-176.	NL	オランダの様々な種類の機関で働く教師教育者は、それぞれ自分はどのような業務をこなさなければならないと考え、どのようなコンピテンシーを求められていると考えているのか。
69	Koster, B. & Dengerink, J. J.(2008). Professional standards for teacher educators: How to deal with complexity, ownership and function. Experiences from the Netherlands. *European Journal of Teacher Education, 31*(2), 135-149.	NL	教師教育者スタンダードを活用しようとする際に議論になる専門職の複雑さやオーナーシップに関する問題とは、どのようなものか。オランダの教師教育者スタンダードは、教師教育者に押し付けられたものか、それとも教師教育者がオーナーシップを持つものか。また、実際にそのスタンダードはどのような形で教師教育者に使われているのか。
70	Koster, B., Dengerink, J., Korthagen, F., & Lunenberg, M.(2008). Teacher educators working on their own professional development: Goals, activities and outcomes of a project for the professional development of teacher educators. *Teachers and Teaching, 14*(5-6), 567-587.	NL	自分の専門性開発について、教師教育者はどのような目標を設定しているか。また、どのような専門性開発のための活動に取り組んでいるか。専門性開発の成果にはどのようなものがあるか。
71	Kremer-Hayon, L. & Tillema, H. H.(1999). Self-regulated learning in the context of teacher education. *Teaching and Teacher Education, 15*(5), 507-522.	NL ISR	教師教育者や学生は自律学習の意味をどのようにして学ぶか。自律学習はどのような形で教師教育プログラムに組み込まれているか。自律学習の観点から求められる教師教育者の役割や行動とは何か。
72	Krokfors, L., Kynäslahti, H., Stenberg, K., Toom, A., Maaranen, K., Jyrhämä, R., Byman, R., & Kansanen, P.(2011). Investigating Finnish teacher educators' views on research-based teacher education. *Teaching Education, 22*(1), 1-13.	FIN	教師教育者は研究を基盤とするアプローチをどこまで受け入れ得るのか。研究を基盤とするアプローチをどのように理解しているか。また、研究を基盤とするアプローチが実際の教師の実践にどのような影響を与え得ると考えているか。
73	Le Cornu, R.(2010). Changing roles, relationships and responsibilities in changing times. *Asia-Pacific Journal of Teacher Education, 38*(3), 195-206.	AUS	ラーニングコミュニティの中で活動することによって、教職課程の学生、指導教諭、大学の指導教授や学校現場のコーディネーターのそれぞれの役割や責任、関係性に変化は生じるか。
74	Le Cornu, R. & Ewing, R.(2008). Reconceptualising professional experiences in pre-service teacher education…: Reconstructing the past to embrace the future. *Teaching and Teacher Education, 24*(7), 1799-1812.	AUS	教職課程の教師教育プログラムにおいて蓄積される専門的経験についての解釈は変容するが、とりわけラーニングコミュニティがその変容に及ぼす影響とはどのようなものか。こうした変容は、指導教諭や大学の指導教授にとってはどのような意味を持つか。
75	Le Fevre, D. M.(2011). Creating and facilitating a teacher education curriculum using pre service teachers' autobiographical stories. *Teaching and Teacher Education, 27*(4), 779-787.	USA	教職課程の学生は、自分史を用いた研究を通してどのような学びの機会を得られるか。

研究方法	データソース	教師教育者の数	その他の人の数	役割と行動	役割と行動の専門性開発
文献研究、デルファイ法	インタビュー、質問紙	教師教育機関ベースの教師教育者140人	その他9人	教師の教師	
記述的研究	文書、経験				教師の教師
文書分析	ポートフォリオ	教師教育機関ベースの教師教育者25人			教師の教師
インタビュー調査	インタビュー	教師教育機関ベースの教師教育者42人	学生58人	教師の教師	
社会調査、インタビュー調査	質問紙、インタビュー	教師教育機関ベースの教師教育者41人		カリキュラム開発者	
メタ分析	2種類の評価研究（セルフスタディ1つとケーススタディ2つ）			カリキュラム開発者、仲介者	
記述的研究	プログラム文書			カリキュラム開発者	教師の教師
文書分析、社会調査	自分史、リフレクション・ペーパー、質問紙、日誌	教師教育機関ベースの教師教育者1人	学生75人	カリキュラム開発者	

	論文	国名	リサーチ・クエスチョン
76	Lin, E., Wang, J., Spalding, E., Klecka, C. L., & Odell, S. J.(2011). Toward strengthening the preparation of teacher educator-researchers in doctoral programs and beyond. *Journal of Teacher Education, 62*(3), 239-245.	USA	博士課程の学生が教師教育者兼研究者になれるようにするためには、博士課程のプログラムで何を学ばせるべきか。学生たちはどのようにして研究の仕方を学ぶべきか。博士課程プログラム以降も研究について学び、研究を続けていけるようにするにはどうすればいいか。
77	Liston, D., Borko, H., & Whitcomb, J.(2008). The teacher educator's role in enhancing teacher quality. *Journal of Teacher Education, 59*(2), 111-116.	USA	教師の資質を高めるうえで、教師教育者が担っている役割とは。
78	Loughran, J. & Berry, A.(2005). Modelling by teacher educators. *Teaching and Teacher Education, 21*(2), 193-203.	AUS	明示的なモデリング（実演）とはどのようなものか。
79	Lunenberg, M.(2002). Designing a curriculum for teacher educators. *European Journal of Teacher Education, 25*(2-3), 263-277.	NL	教師教育プログラムの終了後、教師教育者はどのようなコンピテンシーを持っていなければならないか。プログラムにはどのような教育的アプローチが用いられるべきか。
80	Lunenberg, M. & Korthagen, F. A. J.(2003). Teacher educators and student-directed learning. *Teaching and Teacher Education, 19*(1), 29-44.	NL	教師教育者は、学習者主導の学びへの転換を促すような考え方を持っているか。そうした考えに則った教え方をしているか。
81	Lunenberg, M. & Korthagen, F. A. J.(2005). Breaking the didactic circle: A study on some aspects of the promotion of student-directed learning by teachers and teacher educators. *Journal of Teacher Education, 28*(1), 1-22.	NL	教師の視点は、学習者主導の学びを促すものになっているか。その教え子の視点と関連づけながら考察する。また、教師教育者の視点は、学習者主導の学びを促すものになっているか。学生の視点と関連付けながら考察する。教師の行動は、学習者主導の学びを促すだろうか。教師教育者の行動は、学習者主導の学びを促すだろうか。
82	Lunenberg, M., Korthagen, F., & Swennen, A. (2007). The teacher educator as a role model. *Teaching and Teacher Education, 23*(5), 586-601.	NL	教師教育者は自身の実践において学びに関する新しい見方をモデリング（実演）しているか。
83	Lunenberg, M., Ponte, P., & Van de Ven, P. H. (2007). Why shouldn't teachers and teacher educators conduct research on their own practice? An epistemological exploration. *European Educational Research Journal, 6*(1), 13-24.	NL	実践家研究とは何か。教師や教師教育者は自身の実践について何を研究すべきか。
84	Lunenberg, M. & Willemse, M.(2006). Research and professional development of teacher educators. *European Journal of Teacher Education, 29*(1), 81-98.	NL	3つの専門性開発の活動事例には、教師教育者の専門性開発を支える主な特徴としてどのようなものがあるか。
85	Lunenberg, M., Zwart, R., & Korthagen, F. (2010). Critical issues in supporting self-study. *Teaching and Teacher Education, 26*(6), 1280-1289.	NL	セルフスタディの研究を支援するうえで重大な課題とは何か。

研究方法	データソース	教師教育者の数	その他の人の数	役割と行動	役割と行動の専門性開発
エッセイ					研究者
エッセイ					
セルフスタディ	経験、日誌、リフレクション、先行研究	教師教育機関ベースの教師教育者2人		教師の教師	教師の教師
記述的研究	専門職スタンダード、文献、ケーススタディのレポート				教師の教師
ケーススタディ	インタビュー、観察	教師教育機関ベースの教師教育者5人	学生25人	教師の教師	
ケーススタディ	インタビュー、観察	教師教育機関ベースの教師教育者10人	教育実習生50人、教師19人、学生95人	教師の教師	
観察研究	観察	教師教育機関ベースの教師教育者10人		教師の教師	
エッセイ				研究者	
ケーススタディ	観察、インタビュー	教師教育機関ベースの教師教育者35人			研究者
ケーススタディ	デジタル日誌、インタビュー、質問紙、メモ、リフレクション、メールのやりとり	教師教育機関ベースの教師教育者5人			研究者

	論文	国名	リサーチ・クエスチョン
86	Margolis, J.(2007). Improving relationships between mentor teachers and student teachers: Engaging in a pedagogy of explicitness. *The New Educator, 3*(1), 75-94.	USA	学生に対して明示的な教育方法を活用して指導している指導教諭は、学生にどのような影響を与えるか。
87	Martin, S. D., Snow, J. L., & Torrez, C. A. F. (2011). Navigating the terrain of third space: Tensions within relationships in school-university partnerships. *Journal of Teacher Education, 62*(3), 299-311.	USA	協力関係(パートナーシップ)の中で複数の立場の人が集まる「第三の空間」を築き、運用しようとする際、学校現場ではどのような課題に直面することになるか。大学ではどのような課題に直面するか。このような空間の構築と運用には、どのようなことをすればいいか。
88	Martinez, K.(2008). Academic induction for teacher educators. *Asia-Pacific Journal of Teacher Education, 36*(1), 35-51.	AUS	新任の教師教育者が学術界に足を踏み入れる際に直面する最大の課題とは何か。その課題を乗り越えるために提供できる最善のサポートとはどのようなものか。
89	Mayer, D., Mitchell, J., Santoro, N., & White, S.(2011). Teacher educators and 'accidental' careers in academe: An Australian perspective. *Journal of Education for Teaching, 37*(3), 247-260.	AUS	教師教育の分野に足を踏み入れるにはどうすればいいか。サンプルとなった数名のオーストラリアの教師教育者は、どのようなキャリアを築いてきたか。
90	McGee, A. & Lawrence, A.(2009). Teacher educators inquiring into their own practice. *Professional Development in Education, 35*(1), 139-157.	N-Z	現職の教師教育者が自身の実践を変えてみようと思うきっかけとなるものは何か。また、現職の教師教育者がしていることで、他の教師たちが自身の実践を変えてみようと思うきっかけとなるものは何か。
91	McKeon, F. & Harrison, J.(2010). Developing pedagogical practice and professional identities of beginning teacher educators. *Professional Development in Education, 36*(1-2), 25-44.	ENG	新任の教師教育者の教育実践の向上を特徴づけるものは何か。教師教育者の教育実践の方法や専門職としてのアイデンティティに、職場のあり方はどのような影響を及ぼすか。
92	Menter, I.(2011). Four 'academic sub-tribes', but one territory? Teacher educators and teacher education in Scotland. *Journal of Education for Teaching, 37*(3), 293-308.	SC	スコットランドの4民族に属する教師教育者は、専門職としてどのようなアイデンティティを持っているか。文化的、社会的、組織的な要因のうち、どのような要因が教師教育者の実践や専門職としてのアイデンティティに影響を与えているか。
93	Mueller, A (2006). A Teacher educator's fate: Seeking contexts to engage student teachers in thinking about learning to teach. *Studying Teacher Education, 2*(2), 137-153.	CAN	教えることと学ぶことについて学生が考えることを、どのように支援することができるか。
94	Murray, J.(2008a). Teacher educators' induction into Higher Education: Work-based learning in the micro communities of teacher education. *European Journal of Teacher Education, 31*(2), 117-133.	ENG	新しい教師教育者を高等教育機関の教師教育プログラムに導入する際の実践例としては、どのようなものがあるか。新任の教師教育者はどのようなつまずきを経験するか。新しく就任する教師教育者を支援するよい実践例としては、どのようなものがあるか。

研究方法	データソース	教師教育者の数	その他の人の数	役割と行動	役割と行動の専門性開発
ケーススタディ	ワークショップ、インタビュー、フィールドノート、メールのやりとり、オンラインでのディスカッション	学校現場のファシリテーター7人		コーチ	コーチ
セルフスタディ	リフレクション、グループディスカッション、メールのやりとり、メモ	教師教育機関ベースの教師教育者3人		カリキュラム開発者、仲介者	
エッセイ					
インタビュー調査	インタビュー	教師教育機関ベースの教師教育者19人		教師の教師、研究者	教師の教師
ケーススタディ	質問紙、リフレクション日誌、観察、インタビュー、グループディスカッション、会話、メモ、学習記録	学校現場のファシリテーター20人			研究者
ケーススタディ	インタビュー	教師教育機関ベースの教師教育者5人		教師の教師	教師の教師
ケーススタディ	インタビュー	教師教育機関ベースの教師教育者24人			
セルフスタディ	教職を目指す学生の学びに関する構造化されたナラティブ、それに対して教師教育者が書いた返答	教師教育機関ベースの教師教育者1人	学生40人	教師の教師	
社会調査、インタビュー調査	質問紙、インタビュー、フォーカスグループのディスカッション	教師教育機関ベースの教師教育者50人	機関のトップ35人		教師の教師

	論文	国名	リサーチ・クエスチョン
95	Murray, J.(2008b). Towards the re-articulation of the work of teacher educators in Higher Education institutions in England. *European Journal of Teacher Education, 31*(1), 17-34.	ENG	教師教育者のスタンダードや専門性に関する枠組みをつくるうえで、どのような国内外の議論が重要となるか。
96	Murray, J.(2010). Towards a new language of scholarship in teacher educators' professional learning? *Professional Development in Education, 36*(1-2), 197-209.	ENG	実務家によって枠組みがうまく設計された研究は、教師教育者になる教師の専門職としての学びにどのような形で貢献し得るか。
97	Murray, J., Campbell, A., Hextall, I., Hulme, M., Jones, M., Mahony, P., Menter, I., Procter, R., & Wall, K.(2009). Research and teacher education in the UK: Building capacity. *Teaching and Teacher Education, 25*(7), 944-950.	ENG	教師教育における研究の土壌をつくるには何が必要か。
98	Murray, J., Czerniawski, G,. & Barber, P.(2011). Teacher educators' indentities and work in England at the beginning of the second decade of the twenty-first century. *Journal of Education for Teaching, 37*(3), 261-277.	ENG	教師教育者は自身のアイデンティティをどのように捉えているか。そのアイデンティティは教師教育のどのような特徴を示し、教師教育の実践に関する議論の変容をどのような形で映し出しているか。
99	Murray, J. & Male, T.(2005). Becoming a teacher educator: Evidence from the field. *Teaching and Teacher Education, 21*(2), 125-142.	ENG	新任の教師教育者は、「教師の教師」というアイデンティティと「学者」としてのアイデンティティを育むうえで、どのような課題に直面するか。
100	Nicol, C., Novakowski, J., Ghaleb, F., & Beairsto, S.(2010). Interweaving pedagogies of care and inquiry: Tensions, dilemmas and possibilities. *Studying Teaching Education, 6*(3), 235-244.	CAN	教師教育者がケアの教育方法と探究の教育方法の両方を磨こうとする際、どのような葛藤を感じ、どのような可能性が開かれるか。
101	Noel, P.(2006). The secret life of teacher educators: Becoming a teacher educator in the learning and skills sector. *Journal of Vocational Education & Training, 58*(2), 151-170.	ENG	北イングランドのコンソーシアムに参加する教師教育者の特徴とは何か。新任の教師教育者の選抜とサポートは教師教育者の多様性の確保に貢献し得るか。
102	Perry, N. E., Hutchinson, L,. & Thauberger, C. (2008). Talking about teaching self-regulated learning: Scaffolding student teachers' development and use of practices that promote self-regulated learning. *International Journal of Educational Research, 47*(2), 97-108.	CAN	メンターが、学生による高レベルで統率された学びの環境をつくり上げるための専門性を獲得するにはどうすればいいか。
103	Poyas, Y. & Smith, K.(2007). Becoming a community of practice. The blurred identity of clinical faculty teacher educators. *Teacher Development, 11*(3), 313-334.	ISR	臨床系教職員の専門性開発のコースの評価はどのようなものだったか。参加者は自分のアイデンティティをどのように考えたか、また彼らの専門性開発にとってどのような示唆があったか。
104	Ritter, J. K.(2007). Forging a pedagogy of teacher education: The challenges of moving from classroom teacher to teacher educator. *Studying Teacher Education, 3*(1), 5-22.	USA	経験の浅い実習生のスーパーバイザーが出会う困難はどのようなものか。

研究方法	データソース	教師教育者の数	その他の人の数	役割と行動	役割と行動の専門性開発
エッセイ					教師の教師
ケーススタディ	インタビュー、日誌	教師教育機関ベースの教師教育者1人			研究者
エッセイ					研究者
ケーススタディ	質問紙、インタビュー	質問紙の回答者数は不明、インタビューは教師教育機関ベースの教師教育者20人		研究者	
インタビュー調査	インタビュー	教師教育機関ベースの教師教育者28人		教師の教師、研究者	教師の教師
セルフスタディ	ディスカッション、メモ、日誌、ミーティング、学生の成果物、インタビュー	教師教育機関ベースの教師教育者3人	学生30人	コーチ	
文書分析、社会調査、インタビュー調査	データシート、インタビュー、質問紙	教師教育機関ベースの教師教育者128人			教師の教師
ケーススタディ	学生とメンターのディスカッション場面を録画した動画	学校現場のファシリテーター19人、教師教育機関ベースの教師教育者2人	学生19人	コーチ	
ケーススタディ	質問紙、インタビュー、リフレクション	臨床系教職員30人	学部長3人	コーチ	教師の教師、コーチ
セルフスタディ	日誌	教師教育機関ベースの教師教育者1人			教師の教師

	論文	国名	リサーチ・クエスチョン
105	Schuck,S.,Aubusson, P., & Buchanan,J.(2008). Enhancing teacher education practice through professional learning conversations. *European Journal of Teacher Education, 31*(2), 215-227.	AUS	互いの指導についての理解を助けるために必須の要素は何か。互いの指導を理解するうえでどんな困難が発生するか。専門家間の対話は我々の指導の理解にどのような影響を与えるか。
106	Shagrir, L.(2010). Professional development of novice teacher educators: Professional self, interpersonal relations and teaching skills. *Professional Development in Education, 36*(1-2), 45-60.	ISR	教師教育者の専門性開発のコースにおいて、コース修了者のフィードバックの特徴は何か。教師教育者としての専門性開発に最も貢献する要素は何か。
107	Shteiman, Y., Gidron, A., Eilon, B., & Katz, P. (2010). Writing as a journey of professional development for teacher educators. *Professional Development in Education, 36*(1-2), 339-356.	ISR	本の執筆プロセスを教師教育者はどのように受け取ったか。教師教育者はどの程度それを専門家としての、そして個人としての成長を促すものと捉えたか。
108	Silova, I., Moyer, A., Webster, C., & McAllister, S. (2010). Re-conceptualizing professional development of teacher educators in post-Soviet Latvia. *Professional Development in Education. 36*(1-2), 357-371.	LAT	教員養成課程で働く教師教育者にとって、何が自発的な専門家としての行動を促しているか。彼らの自発性の性質と特徴は何か。社会主義体制崩壊後、教師教育者の専門性開発の理論と実践のあり方を決めるものは何か。
109	Smith, K.(2003). So, what about the professional development of teacher educators? *European Journal of Teacher Education. 26*(2), 201-215.	ISR	専門性開発に取り組み続けることがなぜ教師教育者という専門職にとって重要なのか。どのようにして個々の教師教育者、そして教師教育に関わるスタッフ全体が、専門性開発に取り組むようになるのか。
110	Smith, K.(2005). Teacher educators' expertise: What do novice teachers and teacher educators say? *Teaching and Teacher Education. 21*(2), 177-192.	ISR	教師の専門技術と比較した時、教師教育者の専門技術はどのように構成されているか。
111	Smith, K.(2007). Empowering school-and university-based teacher educators as assessors: A school – university cooperation. *Educational Research and Evaluation, 13*(3), 279-293.	NO	評価において、どのようなモデルが教育実習における3者関係の全員——学校ベースの教師教育者、大学の教師教育者、実習生——をエンパワーすることができるか。
112	Smith, K.(2010). Assessing the practicum in teacher education – Do we want candidates and mentors to agree? *Studies in Educational Evaluation, 36*(1-2), 36-41.	NO	学校現場の教師教育者と学生は、どの程度、実習における実習生の評価に合意しているか。
113	Snoek, M., Swennen, A., & Van der Klink, M. (2011). The quality of teacher educators in the European policy debate: Actions and measures to improve the professionalism of teacher educators. *Professional Development in Education, 37*(5),651-664.	EU	現代のヨーロッパの政策はどのようにしてさらなる教師教育の質の向上に取り組んでいるか。

研究方法	データソース	教師教育者の数	その他の人の数	役割と行動	役割と行動の専門性開発
セルフスタディ	観察、ディスカッション、リフレクション	教師教育機関ベースの教師教育者3人			教師の教師
ケーススタディ	質問紙	教師教育機関ベースの教師教育者11人			教師の教師
ケーススタディ	インタビュー、会話、フォーカスグループのディスカッション	教師教育機関ベースの教師教育者18人			教師の教師、研究者
ケーススタディ	文書、パーソナリティテスト、質問紙、インタビュー	テスト:教師教育機関ベースの教師教育者14人、質問紙とインタビュー:教師教育機関ベースの教師教育者18人	その他4人(プロジェクトへの資金提供者、プロジェクトコーディネーター、プロジェクトトレーナー、評価者)		教師の教師
エッセイ					教師の教師
ケーススタディ	教師教育者と教師に関する構造化された記述	教師教育機関ベースの教師教育者18人	経験の浅い教師40人	教師の教師、研究者	
エッセイ				ゲートキーパー	
社会調査	質問紙	学校現場のファシリテーター6人	学生6人	ゲートキーパー	
文書分析と社会調査	政策文書と質問紙		ECの教師とトレーナー部会のメンバー		教師の教師

	論文	国名	リサーチ・クエスチョン
114	Strong, M. & Baron, W.(2004). An analysis of mentoring conversations with beginning teachers: Suggestions and responses. *Teaching and Teacher Education. 20*(1), 47-57.	USA	メンタリングの会話の中でメンターである教師は経験の浅い教師にどのように教育学的視点からの示唆を与えているか。そして、それに教師たちはどのように反応するか。
115	Struyven, K. & De Meyst, M.(2010). Competence-based teacher education: Illusion or reality? An assessment of the implementation status in Flanders from teachers' and students' points of view. *Teaching and Teacher Education, 26*(8), 1495-1510.	B(FL)	小学校教師の教師教育プログラムとそのカリキュラムにおいて、コンピテンシーはどの程度(そしてどのように)落としこまれ、身につけられ、評価されているか。
116	Swennen, A., Jones, K., & Volman, M.(2010). Teacher educators: Their identities, sub-identities and implications for professional development. *Professional Development in Education, 36*(1-2), 131-148.	NL ENG	教師教育者についての研究文献の中で、教師教育者のどのような下位アイデンティティが現れているか。そして、その下位アイデンティティが教師教育者の専門性開発に与える示唆は何か。
117	Swennen, A., Lunenberg, M., & Korthagen, F. (2008). Preach what you teach! Teacher educators and congruent teaching. *Teachers and Teaching, 14*(5-6), 531-542.	NL	刺激再生インタビュー法やワークショップでサポートされた場合、教師教育者はより一貫した指導をするようになるか。何が要因となって一貫した指導が可能となり、あるいは不可能となるか。
118	Tillema, H.H. & Kremer-Hayon,L.(2002). "Practising what we preach" – Teacher educators' dilemmas in promoting self-regulated learning: A cross case comparison. *Teaching and Teacher Education. 18*(5), 593-607.	NL ISR	教師教育者はどのように自分を自律学習者として認識しているか。彼らは生徒の自律学習をどのように認識しているか。自律学習を導入し、その指針に沿って教えるプロセスにおいて、彼らが出会ったジレンマと問題はどのようなものだったか。
119	Tillema, H. & Kremer-Hayon, L.(2005). Facing dilemmas: teacher- educators' ways of constructing a pedagogy of teacher education. *Teaching in Higher Education,10*(2), 203-217.	NL ISR	教師教育者はその指導においてどのようなジレンマを抱えているか。そして、そのジレンマに対処するためにどのような戦略が使われているか。
120	Tillema, H. & Smith, K.(2007). Portfolio appraisal: In search of criteria. *Teaching and Teacher Education, 23*(4), 442-456.	NL NO	選ばれたポートフォリオを評価する際に使用される基準はどのようなものか。
121	Twombly, S. B., Wolf-Wendel, L., Williams, J., & Green, P.(2006). Searching for the next generation of teacher educators - Assessing the success of academic searches. *Journal of Teacher Education. 57*(5), 498-511.	USA	教師教育者の勤務先はどのくらい公募されているか。就職先の公募において、求められ、そして望まれる資質はどのようなものか。候補者の応募状況はどの程度適切であったか。
122	Vagle, M. D.(2011). Critically-oriented pedagogical tact: Learning about and through our compulsions as teacher educators. *Teaching Education, 22*(4), 413-426.	USA	指導におけるタクトの洗練とはどのようなものか。
123	Van Velzen, C., Van der Klink, M., Swennen, A., & Yaffe, E.(2010). The induction and needs of beginning teacher educators. *Professional Development in Education, 36*(1-2), 61-75.	B(FL) NL ISR SER UK USA	経験の浅い教師教育者はどのようにして教師教育者としての仕事に就き始めるか。

研究方法	データソース	教師教育者の数	その他の人の数	役割と行動	役割と行動の専門性開発
ケーススタディ	メンタリングのやりとり	ファシリテーターを務める教師16人	経験の浅い教師16人	コーチ	
社会調査	質問紙	教師教育機関ベースの教師教育者51人	学生218人	カリキュラム開発者、仲介者	
文献研究	25本の論文				
ケーススタディ	インタビュー、観察、ワークショップ	教師教育機関ベースの教師教育者3人		教師の教師	
インタビュー調査	インタビュー	教師教育機関ベースの教師教育者29人		教師の教師	
インタビュー調査	インタビュー	教師教育機関ベースの教師教育者35人		教師の教師	
社会調査、インタビュー調査、文書分析	質問紙、インタビュー、ポートフォリオ分析	教師教育機関ベースの教師教育者35人	学生67人	ゲートキーパー	
文書分析	博士号取得者を対象とした公募の調査				
セルフスタディ	日誌、会話	教師教育機関ベースの教師教育者1人	学生2人	教師の教師	
インタビュー調査	インタビュー	教師教育機関ベースの教師教育者11人			教師の教師

	論文	国名	リサーチ・クエスチョン
124	Van Velzen, C. & Volman, M.(2009). The activities of a school-based teacher educator: A theoretical and empirical exploration. *European Journal of Teacher Education, 32*(4), 345-367.	NL	学校ベースの教師教育者が自分たちの役割を果たしていくうえで、「認知的徒弟制モデル」からどんな概念や原理が見つけられるか。それはどの程度のものか。
125	Wang, J.(2001). Contexts of mentoring and opportunities for learning to teach: A comparative study of mentoring practice. *Teaching and Teacher Education, 17*(1), 51-73.	USA UK CH	新人教師が学ばなければならないものがメンター間で異なるのは個人的な趣向の問題か、それともメンターの指導やメンタリングに固有な、指導上の文脈の影響か。メンターが働く環境の違いもまたメンタリング実践の違いを生むか。
126	Wang,J. & Odell, S. J.(2007). An alternative conception of mentor-novice relationships: Learning to teach in reform-minded ways as a context. *Teaching and Teacher Education.* 23(4), 473-489.	USA	メンターと経験の浅い教師とのどのような種類の関係が概念化できるか。経験の浅い教師が革新的な指導実践を目指すとき、どのような困難や複雑さが特定できるか。
127	Whitehead, J. & Fitzgerald, B.(2007). Experiencing and evidencing learning through self-study: New ways of working with mentors and trainees in a training school partnership. *Teaching and Teacher Education, 23*(1), 1-12.	ENG	学校と大学が協働して行う実習生のメンタリングに対する、生成的で研究ベースのアプローチが、どのように、教師教育実践を再定義することに貢献したか。
128	Willemse, M., Lunenberg, M., & Korthagen, F. (2005). Values in education: A challenge for teacher educators. *Teaching and Teacher Education, 21*(2), 205-217.	NL	教師教育のカリキュラムを設計し実行するとき、教師教育者たちは、どのようにして実習生が道徳の授業を担えるように育てているか。そして、この教師教育は実習生に対してどのような効果があるか。
129	Willemse, M., Lunenberg, M., & Korthagen, F. (2008). The moral aspects of teacher educators' practice. *Journal of Moral Education, 37*(4), 445-466.	NL	教師教育者は、どのようにして実習生が道徳の授業を担えるように育てているか。
130	Williams, J. & Power, K.(2010). Examining teacher educator practice and identity through core reflection. *Studying Teacher Education, 6*(2),115-130.	AUS	同僚と専門家としての関係性を築くために、コアリフレクションのモデルをどのように使うことができるか。同僚との会話を通じて、自分の実践をどのように向上させることができるか。
131	Wilson, S. M.(2006). Finding a canon and core: Meditations on the preparation of teacher educator-researchers. *Journal of Teacher Education, 57*(3), 315-325.	USA	未来の教師教育者かつ教師教育研究者は、教師教育と研究（手法）についてのどのような知識とスキルを必要とするか。未来の教師教育者かつ教師教育研究者を育成するうえで、初等教育と中等教育の指導についての知識、技術、そして経験が果たす役割は何か。彼らはどのようにして教師教育と研究の実践について学ぶか。
132	Wold, L. S., Young, J. R., & Risko, V. J.(2011). Qualities of influential literacy teacher educators. *Literacy Research and Instruction, 50*(2), 156-172.	USA	教員養成課程の学生がリテラシー教育の内容と教授法を学ぶ支援をする、リテラシーを専門とする教師教育者はどのような資質を持っているか。

研究方法	データソース	教師教育者の数	その他の人の数	役割と行動	役割と行動の専門性開発
ケーススタディ	観察、ディスカッション、インタビュー	ファシリテーターを務める教師4人		コーチ	
インタビュー調査	インタビュー	学校現場のファシリテーター 23人		コーチ	
エッセイ					
セルフスタディ	インタビュー、質問紙、授業、学生の成果物	教師教育機関ベースの教師教育者1人、学校現場のファシリテーター 1名		コーチ	
社会調査、インタビュー調査	質問紙、グループインタビュー	教師教育機関ベースの教師教育者33人	学生288人	カリキュラム開発者	
ケーススタディ	Walls*、モラル分析表、インタビュー	教師教育機関ベースの教師教育者9人	学生18人	教師の教師	
セルフスタディ	ミーティングのメモ、日誌、リフレクション	教師教育機関ベースの教師教育者2人			教師の教師
エッセイ					研究者
社会調査、インタビュー調査	質問紙、インタビュー		教師61人	研究者	

*Wallsは、自らの持つ教育の価値や目的をレンガ模様の紙に記し、優先順に並べて学校の壁を作るというグループワークの成果。コルトハーヘン編著『教師教育学──理論と実践をつなぐリアリスティック・アプローチ』(学文社) pp.179-180参照(訳者)。

	論文	国名	リサーチ・クエスチョン
133	Wood, E. & Geddis, A. N.(1999). Self-conscious narrative and teacher education: Representing practice in professional course work. *Teaching and Teacher Education, 15*(1), 107-119.	CAN	教師教育者が思考と教育的意図を明確にした場合、学生はどのようにして明確にされたものとその方法の一致を理解するか。
134	Yendol-Hoppey, D.(2007). Mentor teachers' work with prospective teachers in a newly formed professional development school: Two illustrations. *Teachers College Record, 109*(3), 669-698.	USA	教員養成校のメンターになるということは教師にとって何を意味するか。彼らはどのようにして自分の新しい役割、アイデンティティ、実践を形成するか。このような教師は自分の仕事をどのように受け止めているか。
135	Zanting. A., Verloop, N., Vermunt, J. D., & Van Driel, J. H.(1998). Explicating practical knowledge: An extension of mentor teachers' roles. *European Journal of Teacher Education, 21*(1), 11-28.	NL	メンターの教師の実践知をわかりやすいものにするのは何か。また、この知の探索を実習生の学びにつなげるのは何か。
136	Zeichner, K.(2007). Accumulating knowledge across self-studies in teacher education. *Journal of Teacher Education, 58*(1), 36-46.	USA	教師教育のセルフスタディは、個々の研究成果の集積を容易にするための要素を研究に組み込む努力をすべきか。もしそうなら、どのように達成できるか。
137	Zellemayer, M. & Margolin, I.(2005). Teacher educators' professional learning described through the lens of complexity theory. *Teachers College Record, 107*(6), 1275-1304.	ISR	より学校に根ざした教師教育に移行していくという文脈において、どのような重要な出来事が教師教育機関ベースの教師教育者の学びを導いているか。そして、そのような重要な出来事の効果はどう説明され得るか。

研究方法	データソース	教師教育者の数	その他の人の数	役割と行動	役割と行動の専門性開発
ケーススタディ	授業、製作物（ハンドアウト、メモ）	教師教育機関ベースの教師教育者1人		教師の教師	教師の教師
ケーススタディ	日誌、フィールドノート、インタビュー、メールのやりとり、レポート、観察	学校現場のファシリテーター2人		コーチ	
エッセイ				コーチ	
エッセイ				研究者	教師の教師、研究者
ケーススタディ	ミーティング、インタビュー、リフレクションの記録	教師教育機関ベースの教師教育者7人	教員養成課程のトップ1人		コーチ

参考文献

［本文中で、＊ が付されている文献］

Atkinson, M. P. (2001). The scholarship of teaching and learning: Reconceptualizing scholarship and transforming the academy. *Social Forces, 79*, 1217-1229.

Berings, M. G. M. C., Gelissen, J. P. T. M., & Poell, R. F. (2004). *What and how do nurses learn on the job? Similarities and differences among nurses in on-the-job learning.* Paper presented at the European HRD Research Conference, Limerick, Ireland.

Berry, A. (2007). *Tensions in teaching about teaching: Developing practice as a teacher educator.* Dordrecht: Springer.

Beijaard, D., Meijer, P. C., & Verloop, N. (2004). Reconsidering research on teachers' professional identity. *Teaching and Teacher Education. 20*, 107-128.

Borg, S. & Alshumaimeri, Y. (2012). University teacher educators' research engagement: Perspectives from Saudi Arabia. *Teaching and Teacher Education, 28*(3), 347-356.

Boyer, E. L. (1990). *Scholarship reconsidered: Priorities of the professoriate.* Princeton, NJ: Carnegie Foundation for the Advancement of Teaching. (E・L・ボイヤー著、有本章訳『大学教授職の使命 ——スカラーシップ再考』玉川大学出版部、1996)

Buchberger, F., Campos, B. P., Kallos, D., & Stephenson, J. (2000). *Green paper on teacher education in Europe.* Umeå Universitet, Umeå, Sweden: Thematic network on teacher education in Europe.

Carter, H. (1984). Teacher of teachers. In L. G. Katz & J. D. Raths (Eds.), *Advances in teacher education. Vol. 1* (pp. 125-144). Norwood, NJ: Ablex.

Cochran-Smith, M. (2006). Teacher education and the need for public intellectuals. *The New Educator 2*, 181-206.

Cochran-Smith, M. & Zeichner, K. (Eds.). (2005). *Studying teacher education: The report of the AERA panel on research and teacher education.* Mahwah, NJ: Lawrence Erlbaum Associates.

Coldron, J. & Smith, R. (1999). Active location in teachers' construction of their professional identities. *Journal of Curriculum Studies, 31*(6), 71 1-726.

Day, C. (1995). Qualitative research, professional development and the role of teacher educators: Fitness for purpose. *British Educational Research Journal, 21*(3), 357-369.

De Jager, H., De Mok, A. L., & Sipkema, G. (2004). *Grondbeginselen der sociologie: Gezichtspunten en begrippen* [Basic principles of sociology: Perspectives and concepts.] Groningen: Wolters-Noordhoff.

Ducharme, E. (1993). *The lives of teacher educators*. New York: Teachers College.

Eraut, M. (1994). *Developing professional knowledge and competence*. London: Falmer Press.

Fitzgerald, L. M., East, K., Heston, M. L., & Miller, C. (2002). Professional intimacy: Transforming communities of practice. In C. Kosnik, A. Freese & A. P. Samaras (Eds.), *Making a difference in teacher education through self-study: Proceedings of the Fourth International Conference on Self-Study of Teacher Education Practices, Vol. 1* (pp. 77-80). Toronto: OISE, University of Toronto.

Jansma, F. J. W. M. & Wubbels, Th. (1992). Elements that constitute professional teaching. In J.T. Voorbach (Ed.), *Teacher Education 8* (pp. 159-168). De Lier: Academisch Boeken Centrum.

Hoekstra, A. & Bakkenes, I. (2004). *Professional activities of teachers*. Paper presented at the Onderwijs Research Dagen [Dutch-Flemish Educational Research Conference.] Utrecht, The Netherlands.

Hoving, W. & Van Bon, J. (2010). *De ISM-Methode*. [The ISM Method.] Den Haag: Academic Service.

Hoyle, E. & John, P. D. (1995). *Professional knowledge and professional practice*. London: Cassell.

Kallenberg, T. & Koster, B. (2004). De lerarenopleider als kennisontwikkelaar [The teacher educator as a knowledge creator.] *Tijdschrift voor Lerarenopleiders* [Dutch Journal for Teacher Educators.] 25(3), 14-23.

Kirkpatrick, D. L. & Kirkpatrick, J. D. (2006). *Evaluating training programs: The four levels* (3rd edition). San Francisco: Berrett-Koehler Publishers.

Klaassen, C., Beijaard, D., & Kelchtermans, G. (1999). Perspectieven op de professionele identiteit van leraren [Perspectives on teachers' professional identity.] *Pedagogisch Tijdschrift, 24*(4), 375-399.

Knoers, A. M. P. (1987). *Leraarschap: Amb(ach)t of professie* [Teacherhood: Skill or profession.] Assen: Van Gorcum.

Korthagen, F. (2012). Over opleiden en reflecteren: Ongemakkelijke waarheden en wenkende perspectieven [About teacher education and reflection: Unconfortable truths and beckoning perspectives.] *Tijdschrift voor Lerarenopleiders* [Dutch Journal for Teacher Educators.] 33(1), 4-11.

Korthagen, F. A. J. & Kessels, J. P. A. M. (1999). Linking theory and practice: Changing the pedagogy of teacher education. *Educational Researcher, 28*(4), 4-17.

Korthagen, F. A. J. & Lunenberg, M. (2004). Links between self-study and teacher education reform. In J. Loughran, M. L. Hamilton, V. LaBoskey, & T. Russell (Eds.), *International handbook of self-study of teaching and teacher education practices* (pp. 421-449). Dordrecht/ Boston: Kluwer Academic Publishers.

Korthagen, F. A. J., Kessels, J. P. A. M., Koster, B., Lagerwerf, B., & Wubbels, Th. (2001). Linking practice and theory: The pedagogy of realistic teacher education. In F. A. J. Korthagen, J. Kessels, B. Koster, B. Lagerwerf, & Th. Wubbels (Eds.), *The pedagogy of realistic teacher education.* Mahwah, New Jersey: Lawrence Erlbaum. (F・コルトハーヘン編著、武田信子監訳、今泉友里／鈴木悠太／山辺恵理子訳 『教師教育学――理論と実践をつなぐリアリスティック・アプローチ』 学文社、2010)

Korthagen, F., Koster, B., & Lunenberg, M. (2011). *Als lerarenopleider onderzoek doen en begeleiden: (Hoe) moet dat nou?* [Carrying out and coaching research: How do you do that?] VELON-VELOV Congres [Dutch-Flemish Conference of Teacher Educators.] Noordwijkerhout, The Netherlands.

Korthagen, F. A. J., Kim, Y. M., & Greene, W. L. (Eds.). (2013). *Teaching and learning from within: A core reflection approach to quality and inspiration in education.* New York/London: Routledge.

Koster, B. (2002). *Lerarenopleiders onder de loep: De ontwikkeling van een beroepsprofiel voor lerarenopleiders en het effect van het kennisnemen daarvan op hun zelfdiagnose* [Teacher educators under the microscope: The development of a professional profile for teacher educators and the effects of examining this profile on their self-image.] Utrecht: IVLOS Universiteit Utrecht.

Koster. B., Korthagen, F. A. J., Wubbels, Th., & Hoornweg., J. (1996). Roles, competencies and training of teacher educators: A new challenge. In E. Befring (Ed.), *Teacher education for equality* (pp. 397-411). Oslo: Lobo Grafisk.

Kremer-Hayon, L. & Zuzovsky, R. (1995). Themes, processes and trends in the professional development of teacher educators. In T. Russell & F. Korthagen (Eds.), *Teachers who teach teachers: Reflections on teacher education* (pp. 155-171). London: Falmer Press.

Krishnaveni, R. & Anitha, J. (2007). Educators' professional characteristics. *Quality Assurance in Education, 15*(2), 149-161.

Lanier, J. E. & Little, W.J. (1986). Research on teacher education. In M. Wittrock (Ed.), *Handbook of research on teaching* (pp. 527-569). New York: Macmillan.

Levine, T. H. & Marcus, A. S. (2010). How the structure and focus of teachers' collaborative activities facilitate and constrain teacher learning. *Teaching and Teacher Education, 26*(3), 389-398.

Loughran, J. (2006). *Developing a pedagogy of teacher education: Understanding teaching and learning about teaching.* London: Routledge.

Loughran, J. (2010). Seeking knowledge for teaching teaching: Moving beyond stories. *Studying Teacher Education, 6*(3), 221-226.

Loughran, J. J., Hamilton, M. L., LaBoskey, V. K., & Russell, T. (Eds.). (2004). *International handbook on self-study of teaching and teacher education practices.* Dordrecht: Kluwer.

Lunenberg, M. (2010). Characteristics, scholarship and research of teacher educators. In E. Baker, B. McGaw, & P. Peterson (Eds.), *International encyclopedia of education* (3rd edition, pp. 676-680). Oxford, UK: Elsevier.

Lunenberg, M. & Hamilton, M. L. (2008). Threading a golden chain: An attempt to find our identities as teacher educators. *Teacher Education Quarterly, 35*(1), 185-205.

Lunenberg, M. L. & Korthagen, F. (2009). Experience, theory, and practical wisdom in teaching and teacher education. *Teachers and Teaching, Theory and Practice, 15*(2), 225-240.

McNiff, J., Lomax, J. & Whitehead, J. (1996). *You and your action research project.* London: Routledge.

McNiff, J. & Whitehead, J. (2002). *Action research: Principles and practice.* London: Routledge.

Patton, M. Q. (2002). *Qualitative research & evaluation methods* (3rd edition). London/New Delhi: Sage.

Rajuan, M., Beijaard, D., & Verloop, N. (2007). The role of the cooperating teacher: Bridging the gap between the expectations of cooperating teachers and student teachers. *Mentoring & Tutoring: Partnership in Learning, 15*(3), 223-242.

Rajuan, M., Beijaard, D., & Verloop, N. (2010). The match and mismatch between expectations of student teachers and cooperating teachers: Exploring different opportunities for learning to teach in the mentor relationship. *Research Papers in Education, 25*(2), 201-223.

Randolph, J. J. (2009). A guide to writing the dissertation literature review. *Practical Assessment, Research & Evaluation, 14*(13).

Russell, T. (2010). Self-study by teacher educators. In E. Baker, B. McGaw, & P. Peterson (Eds.), *International encyclopedia of education* (3rd edition, pp. 689-694). Oxford, UK: Elsevier.

Russell, T. & Korthagen, F. A. J. (Eds.). (1995). *Teachers who teach teachers: Reflections on teacher education.* London: Falmer Press.

Shulman, L. (1987). Knowledge and teaching: Foundations of the new reform. *Harvard Educational Review, 57*(1), 1-22.

Shulman, L. S. & Shulman, J. H. (2004). How and what teachers learn: A shifting paradigm. *Journal of Curriculum Studies, 36*(2), 257-271.

Strauss, A. (1987). *Qualitative analysis for social scientists.* Cambridge, UK: Cambridge University Press.

Strauss, A. L. & Corbin, J. (1998). *Basics of qualitative research: Techniques and procedures for developing grounded theory.* Thousand Oaks, CA: Sage.（ジュリエット・コービン／アンセルム・ストラウス著、操華子／森岡崇訳『質的研究の基礎——グラウンデッド・セオリー開発の技法と手順』医学書院、2012)

Valli, L. & Tom, A. R. (1988). How adequate are the knowledge base frameworks in teacher education? *Journal of Teacher Education, 39*(5), 5-12.

Van de Akker, J. & Nieveen, N. (2011). Hoe maak je een goed curriculum? [How do you design a good curriculum?] *Kennisbasis van lerarenopleiders* [Knowledge base of teacher educators.] 以下参照 http://www.lerarenopleider.nl/velon/wp-content/uploads/2014/09/theoriecurriculumvraag2.pdf.［2017年6月19日編集部閲覧。原書に掲載されたURLはリンクが切れていたため、最新のURLに差し替えた］

Van Doorn, J. A. A. & Lammers, C. J. (1984). *Moderne sociologie* [Modern sociology.] Utrecht/Antwerpen: Het Spectrum.

Van Tartwijk, J. W. F. (2011). *Van onderzoek naar onderwijs, of de kunst van de toepassing* [From research to education, or the art of application.] Utrecht: Universiteit Utrecht.

Van Veen, K., Zwart, R., Meirink, J., & Verloop, N. (2010). *Professionele ontwikkeling van leraren: Een reviewstudie naar effectieve kenmerken van professionaliseringsinterventies van leraren* [Professional development of teachers: A review study into effective interventions in the professional development of teachers.] Leiden, The Netherlands: ICLON / Expertisecentrum Leren van Docenten.

Verloop, N. (2001). Guest editor's introduction. *International Journal of Educational Research, 35*(5), 435-440.

Verloop, N., Driel, J. Van, & Meijer, P. (2001). Teacher knowledge and the knowledge base of teaching. *International Journal of Educational Research, 35*, 441-461.

Wenger, E. (1998). *Communities of practice: Learning, meaning, and identity*. Cambridge: Cambridge University Press.

Willemse, M. (2006). *Waardenvol opleiden: Een onderzoek naar de voorbereiding van aanstaande leraren op hun pedagogische opdracht* [Value-based teacher education: A study on the preparation of student teachers for moral education.] Amsterdam: Vrije Universiteit.

Wilson, J. (1990). The selection and professional development of trainers for initial teacher training. *European Journal of Teacher Education, 13*(1 & 2), 7-24.

Zeichner, K. (1999). The new scholarship in teacher education. *Educational Researcher, 28*(9), 4-15.

Zeichner, K. (2002). Beyond traditional structures of student teaching. *Teacher Education Quarterly, 29*(2), 59-64.

Zeichner, K. M. & Liston, D. P. (1996). *Reflective teaching: An introduction*. Mahwah, New Jersey: Lawrence Erlbaum.

著者紹介

ミーケ・ルーネンベルク｜Mieke Lunenberg
=第1章〜第6章
アムステルダム自由大学准教授。専門は教師教育者の専門性開発。よい教師なくしてよい教育は実現し得ない、よい教師は知識が豊富で熱意のある教師教育者によって育てられる、ということを信念とする。教師教育者の専門性開発に関する複数の研究プロジェクトの代表研究者を務める。また、教師教育者としての自らの実践を研究しようとする同僚をサポートしたり、教師教育者のための講座を開いたり、ベルギー、ノルウェー、オーストラリア、南アフリカやアメリカをはじめ、世界各国でワークショップや講演を行っている。教師教育者の専門性開発について、多数の出版物を執筆している。

ユリエン・デンヘリンク｜Jurriën Dengerink
=第1章〜第6章
アムステルダム自由大学の教員であり、研究大学における教師教育に関するオランダの国立委員会の事務局を務める。主な研究分野は教師教育者の専門性開発。オランダの教師教育者のスタンダードの作成や、（自己）評価制度と登録制度の導入、およびオンラインの教師教育者のための知識基盤の構築などを手がけてきた。近年では、教師教育者の専門性開発と研究を支援する教師教育者アカデミーのコーディネーターとしても活躍している。

フレット・A・J・コルトハーヘン｜Fred A. J. Korthagen
=第1章〜第6章
オランダのユトレヒト大学名誉教授。専門は教師と教師教育者の専門性開発と、教師教育学。理論と実践の統合や（コア）リフレクションに関する論文や書籍を多数発表している。世界中の各種の機関で講師やコンサルタントを務めるほか、研究業績は全米教師教育者協会（ATE）やアメリカ教育学会（AERA）をはじめとする多くの国際学会にて受賞している。

サスキア・アテマ＝ノルデヴィア｜Saskia Attema-Noordewier
=第6章
アムステルダム自由大学で教師教育者を務める。主な研究分野はリフレクション、コーチング、および教師の専門性開発。とりわけ、創造性やひらめきに満ちた学びが自然に発生するような場づくりに関心があり、「能力を完全に発揮しながら働き、学び、暮らすためにはどうすればよいか」を探究する。重層的学習研究所（Institute of Multi-level Learning, IML）にて講師およびコーチも務めている。

ヤネケ・フルセ｜Janneke Geursen
=第6章
英語・英米文学を学び高等学校に英語教諭として勤めた後、1999年からアムステルダム自由大学の教師教育研究所にて外国語の教育方法論を教える。以降、教育方法やカリキュラム開発などの授業を教えながら、教科の垣根を越えて学生を指導する教師教育者としての経験を積む。2006年以降はセルフスタディを通して教師教育者の専門性開発に関する研究も手がける。オランダの教師教育者の登録制度においては、評価を担当している。

ボブ・コステル│Bob Koster
=第6章
10年間以上高等学校に社会科学の教諭として勤めた後、1992年にユトレヒト大学の教師教育者へ転身。理論と実践を統合することに関心がある。1998年からは「教師教育者の専門家としての質」というプロジェクトを立ち上げ、オランダの教師教育者のためのスタンダードの作成や（自己）評価制度と登録制度の導入のための下地を構築した。2002年には同プロジェクトの内容の博士論文をもとに、博士号を取得。フォンティス大学でも「教師教育における職場学習」を教える准教授を務める。

訳者・翻訳分担(2017年10月現在)

武田信子│たけだ・のぶこ
=監訳、第3章、第4章4.1〜4.2
元武蔵大学人文学部教授。臨床心理士。東京大学大学院教育学研究科教育心理学専攻博士課程満期退学。おもな著書・訳書に『教員のためのリフレクション・ワークブック』（共編著、学事出版、2016）『J. ロックランに学ぶ教師教育とセルフ・スタディ』（監訳・解説、学文社、2018）『教師教育学──理論と実践をつなぐリアリスティック・アプローチ』（監訳、学文社、2010）他多数。

山辺恵理子│やまべ・えりこ
=監訳、第4章4.3〜4.7、第5章
都留文科大学文学部講師。東京大学教育学研究科博士課程修了。博士（教育学）。専門は教育の倫理、教師教育学。おもな著書・訳書に『ひとはもともとアクティブ・ラーナー！──未来を育てる高校の授業づくり』（共編著、北大路書房、2017）、『人材開発研究大全』（共著、東京大学出版会、2017）、『教師教育学──理論と実践をつなぐリアリスティック・アプローチ』（共訳、学文社、2010）他多数。

入澤充│いりさわ・みつる
=第1章、第2章、第6章
トロント大学オンタリオ教育研究所修士。
NPO法人Learning for All 子ども支援事業部 事業部長。

森山賢一│もりやま・けんいち
=第1章、第2章、第5章
玉川大学大学院教育学研究科教授、教師教育リサーチセンター長。常磐大学大学院人間科学研究科博士後期課程修了。博士（人間科学）。専攻は、教育内容・方法学、教師教育学。おもな著書に『教育学概論』（共編著、岩崎学術出版社、2001）、『総合演習の理論と実践』（編著、学文社、2007）『教育課程編成論』（編著、学文社、2013）他多数。

専門職としての教師教育者
教師を育てるひとの役割、行動と成長

2017年11月15日　初版第1刷発行
2021年 2月20日　初版第2刷発行

著者	ミーケ・ルーネンベルク
	ユリエン・デンヘリンク
	フレット・A・J・コルトハーヘン
監訳者	武田信子
	山辺恵理子
訳者	入澤充
	森山賢一
発行者	小原芳明
発行所	玉川大学出版部
	〒194-8610 東京都町田市玉川学園6-1-1
	TEL 042-739-8935　FAX 042-739-8940
	http://www.tamagawa.jp/up/
	振替 00180-7-26665
図書設計	松田洋一
印刷・製本	日新印刷株式会社

乱丁・落丁本はお取り替えいたします。
©Tamagawa University Press 2017　Printed in Japan
ISBN978-4-472-40543-3 C3037 / NDC374